Y BEIBL CYMRAEG NEWYDD

CYFRES O ESBONIADAU

Detholion o Genesis

gan

NOEL A. DAVIES

ISBN 1-903314-73-9

Argraffwyd yng Nghymru

Dymuna'r cyhoeddwyr gydnabod cymorth Adrannau Cyngor Llyfrau Cymru.

Clawr: Elgan Davies

Cyhoeddwyd gan
Wasg Pantycelyn, Caernarfon
ar ran
Pwyllgor y Beibl Cymraeg

Argraffwyd gan Wasg y Bwthyn, Caernarfon

Y BEIBL CYMRAEG NEWYDD
CYFRES O ESBONIADAU

Golygydd:
Yr Athro Gwilym H. Jones

Golygydd Cynorthwyol:
Yr Athro D.P. Davies

Y bwriad yn y gyfres hon yw cyhoeddi dwsin o esboniadau ar rai o lyfrau'r Beibl, dau bob blwyddyn, un ar yr Hen Destament ac un ar y Testament Newydd. Byddant yn dilyn y cyfieithiad o'r Ysgrythur sydd yn *Y Beibl Cymraeg Newydd*. Amcan y gyfres yw esbonio mor syml ac uniongyrchol ag sydd bosibl gynnwys llyfrau'r Beibl. Y mae pob un o'r awduron yn arbenigwr yn ei faes. Iaith y gwreiddiol, boed Hebraeg neu Roeg, yw maes rhai, ac y mae eraill wedi troi i feysydd diwinyddol eraill. Fodd bynnag, y mae pob un yn gyfarwydd â chefndir hanesyddol a diwinyddol ac â thueddiadau esboniadol y maes a drafodir. Ond fe benderfynwyd cadw'r drafodaeth ar y pynciau hyn yn y cefndir a chyflwyno'n unig yr hyn sy'n gwbl angenrheidiol i ddeall y testun. Ffrwyth ysgolheictod beiblaidd a welir yn y gyfres, ac nid manylion y trafod. Y nod yw cyflwyno'n glir ac yn ddealladwy yr hyn y mae'r geiriau a gofnodwyd yn y Beibl yn ei gyfleu.

Cyflwynir y gyfrol hon er cof am
GEORGE BRADFORD CAIRD, D.D.
(1917-1984)
gyda gwerthfawrogiad dwfn

ac i

PAT
fy ngwraig, gyda'm cariad a'm diolch

CYNNWYS

RHAGAIR

Braint fawr i mi oedd cael fy ngwahodd i lunio'r esboniad hwn. Petrusais gryn dipyn cyn derbyn y gwahoddiad a bu adegau wrth i'r misoedd fynd yn eu blaen pan feddyliais y dylwn fod wedi petruso mwy fyth. Un o'r rhesymau dros betruso oedd mai nid ysgolheictod yr Hen Destament na'i iaith wreiddiol yw fy arbenigedd academaidd. Ond cafodd y golygydd hynaws (sy'n arbenigwr di-ail yn y maes hwn) ei ffordd!

Er mor anodd y dasg, cefais flas mawr yn cyflawni'r gwaith a gwerthfawrogais y cyfle i bori mewn maes mor gyfoethog ac mor berthnasol i'n sefyllfa gyfoes. Mae'r penodau enwog ar darddiadau'r bydysawd a'r ddynoliaeth yn dal i siarad yn rymus iawn i'n hymgais barhaus i ddeall natur y cosmos o'n cwmpas a'n lle ni, yr hil ddynol, yn y cosmos hwnnw. Yn yr un modd, mae gweddill llyfr *Genesis*, sy'n cyflwyno'r hynafiaid, Abraham a Sara, Isaac a Rebeca, Jacob, Lea a Rachel, Esau a Joseff, yn siarad cyfrolau am wreiddiau, hunaniaeth a chydberthynas, pynciau sy'n greiddiol yn ein byd aml-hiliol, aml-grefyddol ac amrywiol ni.

Pwysais yn drwm, fel y gwêl y cyfarwydd, ar rai o'r ysgolheigion amlycaf yn y maes hwn. Nid yw'n arfer yn yr esboniadau hyn i gynnwys cyfeiriadaeth fanwl, ond fe ymddengys llyfryddiaeth fer ar ddiwedd y llyfr. Byddai'r rhain yn gymorth amheuthun i unrhyw un sy'n chwilio am gymorth pellach i ddeall a dehongli *Genesis*.

Detholion o Genesis yw teitl yr esboniad hwn a hynny, wrth gwrs, am nad yw'n ceisio gwneud cyfiawnder â'r llyfr cyfan. Ymgais sydd yma i ystyried a dehongli'r naratif am rai o brif ddigwyddiadau a chymeriadau hanes y genedl (a'n hanes ninnau, fel Cristnogion sy'n etifeddion iddynt yng Nghrist). Fy amcan pennaf yw caniatáu i'r storïau hyn lefaru drostynt eu hunain er mwyn i'w hergydion a'u hystyron gael eu clywed a'u deall. I eraill y daw'r fraint o'u dehongli i'n dyddiau a'n hamgylchiadau ni.

Cymerais y penawdau i'r adrannau a ystyrir yma bron yn ddieithriad o'r *Argraffiad Diwygiedig o'r Beibl Cymraeg Newydd* (2004). O'r cyfieithiad hwnnw hefyd y daw unrhyw ddyfyniadau Beiblaidd. Cymerir yn ganiataol mai hwn yw'r cyfieithiad safonol ac awdurdodol yn y Gymraeg ac o ganlyniad nid eir ar ôl unrhyw ddadleuon ieithyddol, heblaw am rai enghreifftiau prin iawn lle mae'r cyfieithiad yn effeithio ar y dehongliad.

Diolchaf felly i'r Pwyllgor am ei wahoddiad; i'r Golygydd am ei gyfarwyddyd a'i hynawsedd, ac yn bennaf oll am ei amynedd hir; i'r Wasg am ei gwaith yn troi fy nhestun i yn llyfr deniadol a darllenadwy.

Hoffwn nodi fy nyled i un person yn arbennig. Cefais fy addysg feiblaidd yng Ngholeg Mansfield, Rhydychen gan y Dr. George B. Caird, yr anghydffurfiwr cyntaf i gael ei benodi i gadair Dehongli Ysgrythur, Prifysgol Rhydychen. Ef a agorodd i mi, mewn darlith a thiwtorial, ogoniant (pwnc ei ddoethuriaeth!) yr Ysgrythur a'r angen i ddeall, nid yn unig y testun ei hun, ond rhyfeddod ymwneud Duw â'i fyd ac â'i bobl, a ddatgelir drwy'r testun hwnnw. 'Roedd cael treulio tair blynedd yn cael fy ngoleuo ganddo yn un o freintiau mawr fy mywyd. Ef hefyd a bregethodd yn fy oedfa sefydlu yng Nglanaman. Cyflwynaf y gyfrol hon, felly, er cof annwyl a diolchgar amdano.

Diolchaf yn olaf i Pat, fy ngwraig. Unwaith eto, bu'n dra amyneddgar pan oeddwn i'n poeni am y dasg yr oeddwn ynglŷn â hi a phan oedd yn rhaid i mi gaethiwo fy hun o flaen llyfrau a chyfrifiadur – hyd yn oed yn y cyfnod yn arwain at ac yn dilyn y Nadolig. Am hyn oll, cyflwynaf y gyfrol iddi hithau hefyd, gyda'm cariad a'm diolch.

Cefais y fraint, yn ystod y blynyddoedd diwethaf, o ddarlithio i fyfyrwyr Prifysgol ar y berthynas rhwng Cristnogaeth a gwyddoniaeth. Y mae cychwyn *Genesis* yn mynd â ni i galon y berthynas honno. Fy ngobaith a'm gweddi yw y bydd y gyfrol fach hon yn fodd, yn llaw Duw, i *Genesis* lefaru wrthym, yn oes y darganfyddiadau a'r pwerau mawr, am y Duw sy'n creu, yn cymodi ac yn cadw.

Noel A. Davies,
Rhagfyr 2004.

CYFLWYNIAD I GENESIS

Yn y dechreuad (*bᵉrē'šîṯ* [Hebraeg] neu *génesis* [Groeg]) yw geiriau cyntaf *Genesis* a'r geiriau hyn roddodd i'r llyfr ei deitl. Llyfr am ddechreuadau neu darddiadau ydyw: tarddiadau'r bydysawd a tharddiadau'r ddynolryw. Llyfr sy'n datgan yn ddigyfaddawd mai yn Nuw y mae'r tarddiadau hynny: *Yn y dechreuad … Duw* (Gen 1:1).

Y mae'n debygol mai yn y cyfnod yn union wedi'r gaethglud, sef, yn y chweched a'r bumed ganrif cyn y cyfnod Cristnogol, y daeth *Genesis* i'w ffurf bresennol, a hynny ar sail ffynonellau hŷn. Ei amcan oedd datgan y ffydd i'r dychweledigion o Fabilon mai'r Duw a achubodd eu hynafiaid o gaethwasiaeth yr Aifft ac a'u hachubodd hwythau o gaethglud Babilon, yw'r Duw a greodd y bydysawd. Yr Achubydd yw'r Crëwr.

Y mae o'r arwyddocâd mwyaf, felly, fod y Beibl yn cychwyn gyda *Genesis.* Drwy hyn cyhoeddir a dethlir y ffaith fod y bydysawd cyfan a'r ddynolryw gyfan yn tarddu yn Nuw a bod a wnelo'r Beibl sy'n dilyn â'r Duw sy'n ymwneud â'r cyfanrwydd hwn ac sy'n Arglwydd arno. Tra bod gweddill yr Ysgrythurau Hebreig (yr Hen Destament Cristnogol) yn croniclo hanes Duw a'i ymwneud â chenedl arbennig, sef, Israel, mae *Genesis* yn ein hatgoffa mai Duw'r holl genhedloedd yw'r Duw hwn.

Gellir rhannu *Genesis* yn ddwy ran. Yn gyntaf, ceir ym mhen. 1-11 yr hanes cyntefig am ddechreuadau'r bydysawd a'r ddynolryw. Dethlir y cread, wynebir methiant y ddynolryw i fod yn ufudd i ewyllys Duw y Crëwr, a thrwy hanes Noa, yn fwyaf arbennig, gwelir canlyniadau'r methiant hwn (yn y dilyw) a bwriad Duw i achub y bydysawd o'i ddinistr a rhyddhau teulu'r ddynolryw i gyflawni ei bwrpas.

Y mae'r ail ran, sef, pen. 12-50, (a rennir yn dair rhan yn yr esboniad hwn) yn cyflwyno hanes yr hynafiaid. (Mae'r esboniad hwn yn osgoi'r term arferol 'patriarchiaid' er mwyn ceisio'n hatgoffa bod gwragedd yn ogystal â gwŷr yng nghanol y stori hon). Yma cyflwynir hanes Abraham a Sara, Isaac a Rebeca, Jacob, Lea a Rachel, Esau a Joseff a llawer eraill, yn wŷr a gwragedd, yn eu holl ogoniant a'u cymhelthdod. Dyma, yn ôl *Genesis*, ddechreuadau hanes y gymuned ddynol, cymuned sy'n seiliedig ar y teulu, sy'n unedig ac yn rhanedig, sy'n caru ac yn cweryla.

Sut y daeth *Genesis* i'w ffurf bresennol?

Y mae'n amhosibl ateb y cwestiwn hwn yn derfynol. Am ganrifoedd, cymerwyd yn ganiataol mai Moses oedd awdur *Genesis* a llyfrau eraill y Pentateuch (neu'r Pumllyfr) a chyfeiriwyd atynt fel 'Pum Llyfr Moses'. Ond yn y bedwaredd ganrif ar bymtheg disodlwyd y rhagdybiaeth hon ar seiliau oedd yn ymwneud, yn bennaf, â natur y dogfennau a'u cynnwys, a'i bod yn amlwg fod *Genesis* wedi ei fwriadu i lefaru wrth gyfnod tra gwahanol i gyfnod Moses. Os na ellir meddwl am Moses fel awdur *Genesis*, pa ddamcaniaeth arall sy'n bosibl?

Ar un olwg, ni ellir dweud llawer mwy na bod ynddo ffynonellau hynafol iawn a gasglwyd at ei gilydd drwy broses gymhleth dros gyfnod hir, nes iddo gael ei gynnwys, yn gyntaf, yn yr Ysgrythurau Hebreig ac yna yn y canon Cristnogol. Ond y mae'n rhaid ceisio dweud mwy na hyn.

Tan yn gymharol ddiweddar, 'roedd ysgolheigion y ganrif ddiwethaf, ar y cyfan, yn gytûn ynglŷn â'r modd y daeth *Genesis* i'w ffurf bresennol. 'Roedd yn debygol fod ei ddechreuadau cynharaf mewn storïau unigol a adroddwyd ac a ailadroddwyd ar lafar, ac a drosglwyddwyd o genhedlaeth i genhedlaeth, efallai dros gyfnod o ganrifoedd, cyn cael eu hysgrifennu. Y tebygrwydd hefyd yw mai proses fratiog ac anhrefnus oedd hon a ddigwyddodd dros gyfnod hir. Fodd bynnag, gwelodd rhai ysgolheigion dystiolaeth fod elfennau gwahanol wedi datblygu'n wahanol. Er enghraifft, mae stori Joseff (Genesis 37-50) yn gyfanwaith sy'n symud o'r cweryl rhwng y brodyr ym mhen. 37 i'r cymodi ym mhen. 50. Gallai hyn fod yn arwydd o darddiad ysgrifenedig. Ar y llaw arall, y mae'r storïau am Abraham, Isaac, Jacob ac Esau, yn ymddangos fel storïau unigol sydd wedi eu casglu at ei gilydd, gan ychwanegu deunydd arall, i ffurfio'r hanes llawnach. Yn yr un modd, gallai'r storïau sydd yn Genesis 1-11 – sydd ag adlais ynddynt o storïau tebyg o weddill hen fyd y Dwyrain Agos – fod wedi datblygu ar wahân i'w gilydd.

Cam arall yn y broses hon oedd cyfuno'r rhan gyntaf (*Genesis* 1-11) â gweddill y llyfr, i lunio cyfanwaith a oedd yn cyflwyno hanes cynharaf y genedl yng nghyd-destun dechreuadau'r bydysawd a'r ddynolryw. Yn ystod yr ugeinfed ganrif, treuliodd ysgolheigion gryn egni yn ceisio dirnad y ffynonellau dogfennol a oedd y tu cefn i'r broses hon, ffynonellau a oeddent hefyd yn sail i lyfrau eraill y Pumllyfr, sef, Exodus, Numeri, Lefiticus a Deuteronomium. Barnwyd fod tair ffynhonnell y tu ôl i *Genesis*, sef, y ffynhonnell hŷn Yahwaidd (a elwir yn J yn arferol, yn dilyn y fersiwn Almaeneg o'r enw a ddefnyddir yn y ffynhonnell hon am Dduw, sef, JHWH), a oedd yn tarddu, efallai, o'r ddegfed neu'r nawfed ganrif cyn y cyfnod Cristnogol, ffynhonnell ddiweddarach a elwir yn E (sef, Elohistaidd, sy'n defnyddio enw Hebreig arall am Dduw, sef, *ᵉ'lōhîm*) a'r ffynhonnell Offeiriadol (sef, ffynhonnell P [*Priestly*]) o'r chweched neu'r bumed ganrif CC. Honwyd y dygwyd y ffynonellau hyn at ei gilydd rywbryd wedi'r gaethglud. A gellir dirnad pa ddeunydd sy'n tarddu ym mha ffynhonnell drwy astudio arddull, geirfa, nodweddion ac ati. Daliodd y farn hon ei thir dros y rhan fwyaf o'r ganrif ddiwethaf.

Erbyn hyn, fodd bynnag, collodd y ddamcaniaeth hon ei safle

blaengar ac nid oes cytundeb ymhlith ysgolheigion bellach ynglŷn â'r modd y daeth *Genesis* i'w ffurf bresennol. Mae rhai (megis Gunkel) wedi ceisio mynd y tu ôl i'r dogfennau presennol i olrhain y traddodiad llafar a roddodd fod iddynt. Pwysleisiodd eraill (megis Albright) fod ymchwil archaeolegol wedi cadarnhau seiliau hanesyddol y dogfennau hyn. Tra bod von Rad wedi awgrymu bod y traddodiadau hanesyddol wedi cychwyn fel cyffesion ffydd yng nghyd-destun addoliad a dathliadau'r Iddewon.

Y mae eraill wedi honni fod yr ymgais i ddod o hyd i ffynonellau'r llyfr yn wallus a chamarweiniol. Efallai na fwriadwyd *Genesis* ar gyfer unrhyw un cyfnod a'i amgylchiadau arbennig ond ar gyfer Iddewon ym mhob cyfnod ac amgylchiadau. Gallai addewidion Duw i'r hynafiaid gael eu dehongli a'u derbyn fel addewidion i bobl Dduw mewn gwahanol gyfnodau yn eu hanes. Efallai mai'r dasg i'r sawl sy'n darllen a dehongli *Genesis* yw gadael i naratif y llyfr lefaru drosto'i hun heb ofidio'n ormodol am ei leoli mewn cyfnod neu amgylchiadau penodol. Drwy'r hyn sydd yn llyfr *Genesis* y deuwn at yr hynafiaid, a'n cyfrifoldeb cyntaf, felly, yw dadansoddi beth mae *Genesis*, fel y mae gennym yn awr, yn ei ddweud. Hwn wedi'r cyfan yw'r llyfr sydd gennym yn yr Ysgrythur. Dyma hanfod un ffurf ar feirniadaeth feiblaidd, sef, beirniadaeth naratif, sy'n anelu at astudio'r hyn y mae'r testun fel y mae gennym yn y canon beiblaidd heddiw yn ei ddweud wrthym ni. A dyma fydd prif ddull dehongli'r esboniad hwn.

Yn ystod y blynyddoedd diweddar, fodd bynnag, daeth dulliau eraill o ddehongli i'r golwg. Er enghraifft, defnyddiwyd categorïau rhyddhad (yn seiliedig yn bennaf ar hanesion yr exodus o'r Aifft yn y llyfr o'r un enw) fel sail i ddehongli'r digwyddiadau hyn mewn modd sy'n llefaru wrth y sawl sydd dan orthrwm a chaethiwed heddiw. Yn yr un modd, defnyddiwyd categorïau ffeministaidd er mwyn ceisio rhoi sylw dyfnach i'r merched a'r gwragedd yn y storïau hyn, a aethant ar brydiau'n guddiedig y tu ôl i'r pwyslais traddodiadol ar y 'patriarchiaid', sef, y tadau. O bryd i'w gilydd, ceir adlais o rai o ganlyniadau'r dulliau hyn o ddehongli'r testun yn yr esboniad hwn. Yn y cyd-destun hwn y mae pwyslais Brueggemann ar y bwriad esboniadol (*'interpretative intentionality'*) yn y testunau eu hunain yn allweddol. Y cwestiwn i'w ofyn yw: Beth oedd bwriad y golygydd wrth adrodd a chyflwyno'r hanes arbennig hwn yn y modd arbennig hwn?

Pa mor hanesyddol yw'r hanesion hyn?

Y duedd gyffredin yn ein plith fu darllen yr hanesion a'r storïau sydd yn *Genesis* gan gymryd yn ganiataol eu bod yn hanesyddol gywir a gwir. Nid amheuwyd fod yr hynafiaid hyn wedi bodoli a bod eu bywyd wedi dilyn, fwy neu lai, y cwrs a adroddir yma. Cymeriadau hanesyddol oedd y rhain. Cefnogwyd y farn hon gan ysgolheigion amlwg megis John Bright a gredai fod gwreiddiau hanesyddol i'r cymeriadau a'r storïau hyn, a bod Abraham, Isaac a Jacob mewn gwirionedd yn sylfaenwyr ffydd a chred yr Iddewon. Credai Bright y gellid dyddio'r hanesion hyn yn y canrifoedd rhwng yr ugeinfed a'r unfed ganrif ar bymtheg cyn y cyfnod Cristnogol.

Erbyn hyn, fodd bynnag, codwyd amheuon mawr ynglŷn â'r safbwynt hwn. Yn wir, daeth rhai i gasgliad hollol wrthgyferbyniol gan hawlio nad oes gennym unrhyw wybodaeth hanesyddol am yr hynafiaid ac mai cymeriadau ffug oeddent a chynnyrch dychymyg y sawl a ddatblygodd y storïau amdanynt.

Y mae trwch ysgolheictod gyfoes yn sefyll rhywle rhwng y ddau begwn hyn, gan gredu fod elfennau hanesyddol yn gysylltiedig â'r hanesion hyn am yr hynafiaid, a'u bod wedi byw yn fras y math ar fywyd a ddarlunnir mewn cymdeithas nid annhebyg i'r un a ddisgrifir yn *Genesis* a llyfrau eraill y Pentateuch.

Yn y diwedd, fel yr awgrymir gan Gwilym H. Jones, efallai

mai nid cywirdeb hanesyddol y storïau hyn yw'r cwestiwn tyngedfennol ond yn hytrach y 'gwirionedd' y mae'r naratifau hyn yn ceisio'i gyflwyno.

Down yn ôl, felly, at y casgliad y daethom iddo ar ddiwedd yr adran flaenorol, sef, mai dehongli'r testun fel y mae yn *Genesis* yw'r dasg bwysicaf oll. Y cwestiwn i ni, felly, yw: Beth oedd bwriad adroddwyr cynnar y storïau hyn a'r sawl a'u croniclodd ac a'u golygodd nes iddynt gymryd y ffurf sydd gennym yn awr yn ein Beibl ni? Ateb y cwestiwn hwn fydd prif amcan yr esboniad hwn.

RHAN 1: Yr hanes cyntefig (1-11)

Ymgais sydd yn y penodau hyn i gyflwyno dealltwriaeth a dehongliad o ddechreuadau pob peth: y greadigaeth yn ei holl amrywiaeth, y ddynolryw fel rhan hollol ganolog o'r greadigaeth honno ac ymwneud Duw â'i fyd a'i bobl yn y dechreuadau cynnar. Y mae'n adran gyfoethog iawn yn ddiwinyddol gan ei bod yn ymdrin â themau sy'n ganolog i'r ffydd Iddewig yn ogystal â'r credo Cristnogol. Ond y mae'r adran hon hefyd, yn fwy nag unrhyw adran arall ysywaeth, wedi bod yn achos dadlau mawr ar hyd y canrifoedd.

Y mae'r penodau hyn yn gosod yr hanes a adroddir yn ngweddill yr Hen Destament mewn cyd-destun cosmig. Nid digwyddiadau mewn cornel oedd hanes y genedl hon, ond gweithredoedd y Duw a oedd yn darddiad, ffynhonnell a chynhaliwr popeth sydd. Yn bennaf oll, felly, datganiadau ffydd yn Nuw sydd yma. Dyma a olygir pan ddisgrifir y penodau hyn fel 'mythau y dechreuadau'.

Y mae'r defnydd o'r gair 'myth' yn y cyd-destun hwn yn sicr o godi cwestiynau ym meddyliau rhai darllenwyr. Ar lafar gwlad, meddyliwn am 'myth' fel stori wneud nad oes ynddi unrhyw wirionedd ffeithiol na hanesyddol. Ni ddylid, o ganlyniad, rhoi mwy na mwy o sylw iddi. Ond camddealltwriaeth yw hyn. I'n diben ni yn yr adran hon, gallwn ddiffinio 'myth' fel ymgais, yn aml mewn barddoniaeth, i fynegi hunan-ddealltwriaeth pobl neu genedl neu gymdeithas arbennig o'i sylfeini a'i dechreuadau. Y cwestiwn canolog, felly, yw nid: A ddigwyddodd hyn yn union fel y mae'r myth yn ei adrodd? Yn hytrach, dylem ofyn: A ydyw'r mythau a groniclir yma yn mynegi'r gwirionedd sylfaenol am yr hyn a gredwn am ddechreuadau'r cosmos a'r ddynolryw? Nid cywirdeb ffeithiau sy'n ganolog, felly, ond y ffydd a fynegir yma yn y Duw sy'n Grëwr ac Achubydd. Nid storïau i'w gwrthod am nad ydynt yn ffeithiol gywir ydynt, na'u darllen fel storïau sy'n llythrennol wir yn eu holl fanylion ond, yn hytrach, storïau i'w dehongli'n ofalus fel mynegiant o gred sylfaenol Iddewon a Christnogion yn eu Duw.

Yr oedd mythau tebyg yn gyffredin iawn yn hen fyd y Dwyrain Agos ac y mae adleisiau o'r mythau hyn i'w clywed yn storïau'r adran hon, fel y gwelwn wrth drafod adrannau penodol. Nid yw hyn ychwaith yn tynnu oddi ar werth diwinyddol mythau *Genesis* mewn unrhyw fodd. Defnyddiodd Israel y mythau a oedd o'i chwmpas, ac a oedd hefyd yn rhan o'i diwylliant hithau, i roi mynegiant i'w ffydd yn Nuw y dechreuadau. Gwnawn hynny o hyd, pan ddefnyddiwn ddeunydd o'n diwylliant cyfoes i fynegi, mewn ffordd newydd, sylfeini'n ffydd.

1: 1 - 2: 4a **Hanes y Creu**

Y bennod hon a'r bennod nesaf, o holl benodau *Genesis*, sydd wedi peri'r dadlau mwyaf, yn fwyaf arbennig yn y canrifoedd diweddar. Yn yr esboniad sy'n dilyn ceir dehongliad o'r penodau hyn fel y maent yn ymddangos yn y Beibl, ar eu termau eu hunain, fel petai. Ar gychwyn ein dehongliad, dylid ceisio deall un peth canolog. Nid dogfennau gwyddonol yw'r penodau hyn ond dogfennau llenyddol a diwinyddol. Tra bod gwyddoniaeth yn ceisio ateb y cwestiwn sylfaenol: Sut y daeth y bydysawd i fod a sut mae bywyd yn cael ei gynnal ar draws y canrifoedd? y mae Genesis, fel dogfennau diwinyddol eraill, yn gofyn cwestiwn gwahanol, Pam y daeth y bydysawd i fod a beth yw ystyr yr hyn sy'n bodoli? Safbwynt yr esboniad hwn yw fod pob ymdrech i geisio cysoni *Genesis* â damcaniaethau gwyddonol cyfoes, neu i geisio barnu cywirdeb y damcaniaethau hynny drwy ystyried a ydynt yn gyson â *Genesis* ai peidio yn hollol anghywir. Y cwestiwn i ni yw: beth mae'r penodau hyn yn ei ddweud am y bydysawd a'r bywyd sydd arno, sut mae darganfyddiadau gwyddonol yn ein helpu i ddeall ein cred yn Nuw y Crëwr a sut y mae cred mewn Duw sy'n Grëwr yn ein helpu i wneud synnwyr o'r darganfyddiadau gwyddonol?

Yn yr un modd, ni dderbynnir safbwynt creadaeth (*creationism*), sy'n honni bod yn ddamcaniaeth wyddonol, y gellid ei chadarnhau ar sail tystiolaeth wyddonol ac sy'n seiliedig ar y farn fod *Genesis* yn ddisgrifiad diwinyddol ddilys o'r modd y daeth y bydysawd i fod. Yn hytrach, sail yr hyn sy'n dilyn yw fod gwyddoniaeth gyfoes wedi gwneud cyfraniad nodedig a chyfoethog i'n dealltwriaeth ni o'r bydysawd a bod *Genesis* yn ein helpu i ddeall yn well arwyddocâd diwinyddol y damcaniaethau hyn.

Gan gadw hyn oll mewn golwg, beth sydd gan *Genesis* i'w ddweud wrthym? Wedi dwy adnod o gyflwyniad, gellir rhannu gweddill yr adran hon yn bedair. Yn gyntaf, ceir tri rhaniad (adn. 3-10); yn ail, bywheir y planhigion, y cyrff nefolaidd a'r holl anifeiliaid (adn. 11-25); yn drydydd, daw'r hil ddynol i fod (adn. 26-31); yn olaf, mae Duw'n gorffwys ar y seithfed dydd (2:1-4a). Fel yr awgrymwyd eisoes, calon yr adnodau hyn yw egluro mai'r Duw a fu'n arwain yr Israeliaid ar hyd canrifoedd eu hanes yw'r Duw a roddodd i'r bydysawd ei fodolaeth a'i drefn.

Y dechrau

Y mae cyfieithiadau wedi cynnig o leiaf ddau ddehongliad o'r ddwy adnod gyntaf. Y mae'r NEB yn cynnig, 'Ar ddechrau'r creu, pan luniodd Duw y nefoedd a'r ddaear, 'roedd y ddaear yn ddiffurf a gwag…'. Pwyslais pennaf y fersiwn hwn yw fod Duw (a'r enw a ddefnyddir am Dduw yn y bennod hon yw 'Elohim') wedi rhoi llun a threfn ar yr anhrefn a oedd yn bod yn y dechrau. I rai esbonwyr dyma yw prif neges y bennod hon: Duw sy'n rhoi trefn ar anhrefn cyntefig y bydysawd yw Duw. Y mae'r dehongliad hwn yn osgoi'r cwestiwn llosg: Ai creu o ddim a wnaeth Duw neu roi trefn ar yr hyn a oedd eisoes yn bod?

Y mae'r RSV a'r BCN yn cynnig: 'Yn y dechreuad creodd Duw y nefoedd a'r ddaear'. Pwyslais y ffurf hon – y ffurf a dderbynnir yn fwyaf cyffredinol – yw mai Duw a roddodd fodolaeth i bob peth ac mai ef hefyd a roddodd drefn i'r cyfan. Ac y mae'r 'myth' (gweler uchod) a gyflwynir yma yn mynd â'r darllenydd yn ôl i'r dechrau ('Yn y dechreuad…'). Bron na ellid ysgrifennu'r geiriau fel hyn: 'Yn **Y** dechreuad…'. Dyma ddechrau popeth oll. Ac y mae'n dechrau drwy Dduw, gyda Duw ac yn Nuw.

Y mae cytundeb cyffredinol ymhlith cosmolegwyr, sef, gwyddonwyr sy'n astudio'r bydysawd, mai tua 15 biliwn o flynyddoedd yn ôl y dechreuodd y bydysawd a hynny gyda'r Glec Fawr (*Big Bang*). Nid yw'r ddamcaniaeth hon mewn unrhyw fodd yn anghyson â chred *Genesis* mai Duw roddodd gychwyn i'r bydysawd. Yn wir, cyhoeddodd y Pab Pius XII na welai unrhyw anghysondeb rhwng damcaniaeth y Glec Fawr a'r syniad Beiblaidd am y creu. Y mae gwyddoniaeth yn ateb y cwestiwn 'Sut?' tra bod *Genesis* yn gofyn 'Pam?'. Felly, pan ddywedir yn y paragraffau sy'n dilyn fod Duw yn llefaru neu fod Duw yn gwneud neu fod Duw yn creu, ymdrech sydd yma i ddatgan y ffydd ganolog fod Duw yn a thrwy brosesau'r bydysawd y mae gwyddoniaeth yn ceisio'u hesbonio.

Y mae'r ail adnod yn darlunio'r dechrau hwn yn fyw iawn: y mae'n *afluniaidd a gwag* (hynny yw, yn ddidrefn a diffurf), y mae *tywyllwch ar wyneb y dyfnder* (ac ni all dim fyw mewn tywyllwch dudew o'r fath), ac y mae *ysbryd Duw* (neu *gwynt nerthol*) yn ymsymud (neu 'yn hofran' fel aderyn) ar wyneb y dyfroedd. Y mae'r delweddau hyn i gyd yn adleisio'n rymus iawn ddelweddau sy'n ganolog yn y Beibl drwyddo: trefn mewn anhrefn, goleuni yn y tywyllwch, y dyfnder yn ei fraw bygythiol, yr ysbryd sy'n ymsymud ynghanol y corwynt sy'n chwythu. Yn y dechrau, fel yn hanes y dychweledigion o'r gaethglud ym Mabilon ac ym mhrofiad y saint erioed, y mae'r bygythion a'r addewidion yn plethu i'w gilydd.

Dywedodd Duw...

Yna mae'r pasiant yn dechrau a hynny gyda'r geiriau pwysicaf yn yr adran hon: *Dywedodd Duw...* (adn. 6, 9, 11, 14, 20, 24, 26, 29). Gair nerthol Duw sy'n rhoi bod a threfn i'r bydysawd. Grym y Duw sy'n llefaru, ac yn peri i bethau ddigwydd, sydd ar waith yma. Gair sydd ag iddo rym a nerth ac egni, yr egni a roddodd gychwyn i wyrth ryfeddol y bydysawd y daethom bellach i wybod cymaint amdano. Ac y mae'r adlais yn glir i'r Cristion: 'Yn y dechreuad yr oedd y Gair; yr oedd y Gair gyda Duw, a Duw oedd y Gair...Daeth pob peth i fod trwyddo ef' (Ioan 1:1, 3).

Y weithred gyntaf (adn. 3) yw flachio goleuni i ganol y tywyllwch, y goleuni nad yw bywyd yn bosibl hebddo. A bydd Cristnogion yn clywed yma hefyd adlais o'r newyddion da: 'ac nid yw'r tywyllwch wedi ei drechu ef' (Ioan 1:5).

Ac y mae'r bardd-ddiwinydd a luniodd y rhan hon o *Genesis* yn dechrau gwau ei batrwm celfydd i gyfleu rhywbeth o gelfyddyd Duw: y mae Duw yn *gweld* ei fod yn dda; y mae'n *gwahanu* y goleuni oddi wrth y tywyllwch; y mae'n eu *galw* yn ddydd a nos. Yng ngweddill y bennod hon, y mae'r patrwm hwn, gydag ychydig amrywiaethau, yn cael ei ailadrodd wrth i'r ffurfafen gael ei gosod uwchben (adn. 6-8) ac i'r dyfroedd gael eu gwahanu a'u casglu (adn. 9-10), wrth i'r llysiau dyfu (adn. 11-13), wrth i'r goleuadau ddisgleirio (adn. 14-19), ac wrth i'r creaduriaid lenwi'r dyfroedd a'r ddaear (adn. 20-25). Drwy'r cyfan, y mae'n portreadu Duw ar waith yn gosod ei batrwm a'i bwrpas ar y bydysawd.

Y ddynolryw

Ac yna y mae'r weithred ryfeddaf oll o lunio'r ddynolryw yn dilyn (adn. 26-29). Mae o'r pwys mwyaf i ni sylwi bod creu'r ddynolryw yn rhan annatod o greu'r bydysawd yn ei holl gyfanrwydd. Y mae'r bydysawd a'r ddynolryw yn perthyn i'w gilydd, mewn undod organaidd. Ond sylwer, hefyd, fod y geiriad yma yn wahanol i'r adrannau eraill gan mai penderfyniad gan Dduw a ddilynir gan weithred Duw sy'n cael eu cyflwyno yma: *Gwnawn ddyn...Felly creodd Duw ddyn....* Awgrymodd nifer o esbonwyr a diwinyddion fod gosod y geiriad hwn yn y lluosog (*gwnawn*) yn awgrymu fod perthynas a chymuned a chymdeithas yn rhan o natur a hanfod Duw o'r cychwyn. Yn wir, gwelodd rhai yma gynsail i athrawiaeth Gristnogol y Drindod.

Y mae'r ddynolryw ar *lun* (ystyr cyffredin y gair gwreiddiol yw 'tebygrwydd') a *delw* (ystyr arferol y gair gwreiddiol yw 'cerflun' neu 'ddelw cerfiedig') Duw (adn. 26 a 27) – syniad sy'n gyffredin iawn ym mythau'r hen fyd am darddiadau. Bu ysgrifennu helaeth gan esbonwyr a diwinyddion am ystyr yr ymadrodd hwn. Ond y mae rhai nodweddion yn dod i'r amlwg. Yn gyntaf, dylid sylwi mai ystyr *dyn* (hynny yw, *'ādām*) yma yw dynolryw ac nid unrhyw ddyn unigol. Yna mae *llun a delw Duw* yn cyfleu agosrwydd rhwng Duw a'r ddynolryw ac, felly, perthynas arbennig rhyngddynt. Y mae'n awgrymu elfen o debygolrwydd rhwng Duw a'r ddynolryw, fel y mae delw'r brenin neu ei lun ar ddarn o arian yn cyfleu rhywbeth o'i hanfod i bwy bynnag sy'n edrych arno. Gan mai'r ddynolryw yn unig a grëwyd *ar lun a delw Duw* awgrymir fod inni arbenigrwydd oddi fewn i'r bydysawd cyfan am fod gan y ddynolryw y ddawn i wrando ar Dduw ac ymateb i Dduw. Dylid pwysleisio hefyd nad oes yma unrhyw awgrym o wahanu rhwng corff ac enaid – syniad sy'n ddieithr i'r Hen Destament. Yn hytrach, y person cyfan yn ei holl gymhlethod sy'n dwyn *delw Duw*. I'r Cristion, wrth gwrs, yn Iesu Grist y gwelir delw Duw yn gyflawn: yn y

Mab a anwyd o Fair, a fu'n 'ufudd hyd angau' (Phil. 2:8) ac a atgyfodwyd. 'Ef yw delw'r Duw anweledig' (Col. 1:15).

Bwriadodd Duw y ddynolryw *i lywodraethu* ar yr holl greaduriaid. Gellid cysylltu â'r gair hwn y syniad sydd yn adn. 28 fod y ddynolryw i *ddarostwng* y ddaear. Dyma syniadau eraill a achosodd gryn ddadlau, yn arbennig yn y degawdau diwethaf. Nid yw'r termau hyn yn golygu, fel yr honnwyd gan rai, fod gan y ddynolryw hawl ac awdurdod i wneud fel y myn â'r ddaear a'i chreaduriaid. Pwyslais *llywodraethu* a *darostwng* yma yw cyfrifoldeb yn hytrach na hawl. Fel y mae gan frenin sy'n llywodraethu gyfrifoldeb (y gall, wrth gwrs, ei esgeuluso a'i wadu) i hyrwyddo a sicrhau ffyniant ei bobl a sicrhau fod pob peth wedi ei ddarostwng i wasanaethu'r diben hwnnw, felly hefyd rhoddodd Duw i'r ddynolryw y cyfrifoldeb o hyrwyddo a sicrhau ffyniant y ddaear a'i holl greaduriaid. Fel yr oedd y brenin i fugeilio'i bobl (gw. Esec. 34) felly y mae'r ddynolryw i fugeilio'r ddaear.

Yn wryw a benyw

Crëodd Duw y ddynolryw *yn wryw a benyw*. Sylwer, yn gyntaf, fod y testun yn symud yn naturiol o *gwnawn ddyn* i *yn wryw ac yn fenyw y creodd hwy*. Mae hyn yn awgrymu fod creu gwryw a benyw yn rhan o fwriad Duw o'r cychwyn ac nad oes unrhyw hierarchiaeth (neu raddau o bwysigrwydd) rhyngddynt, mai mewn perthynas â'n gilydd y mae'n hanfod fel personau a bod rhywioldeb wedi ei fwriadu gan Dduw i fod yn elfen gynhenid o'r berthynas honno. Awgryma ffurf adn. 27 fod Duw hefyd wedi bwriadu perthynas hanfodol rhwng *delw Duw* arnom a'n bodolaeth fel *gwryw a benyw*. Mae benyw a gwryw, fel ei gilydd, yn dwyn *delw Duw* ac yn derbyn bendith Duw (adn. 28). O ganlyniad nid oes lle yma i'r sarhad a fu yn y gorffennol ar y benywaidd nac ar rywioldeb. Yn wir, mae cynghanedd gwryw a benyw yn nhrefn Duw ac y mae bendith Duw o'r cychwyn ar gariad a ffrwythlonedd rhywiol, yn dadlau yn erbyn unrhyw duedd i israddio'r benywaidd ac i honni fod rhyw yn bechod. Sylwer hefyd mai sôn am fod yn ffrwythlon ac amlhau a wneir yma ac nid am sefydliad priodas, fel y cyfryw. Beth bynnag am le priodas yng nghynllun Duw, ni ellir adeiladu dadl o'i blaid ar y testun hwn yn unig.

Canlyniad eu rhywioldeb yw bod yn *ffrwythlon* (adn. 28). Yn y gorffennol, credwyd mai cynyrchu plant oedd unig ddiben rhyw ac arweiniodd hyn at agweddau anffodus at ryw a rhywioldeb. 'Roedd Tomos Acwin, fel enghraifft, yn y 13eg ganrif – a ddylanwadodd yn drwm ar y meddwl Cristnogol ar hyd y canrifoedd – yn tueddu i feddwl fel hyn. Dylid sylwi nad yw'r testun hwn yn cyfiawnhau agwedd o'r fath. Nid cynhyrchu epil yw **unig** ddiben perthynas gwryw a benyw yng nghynllun Duw, yn ôl y testun hwn.

Yn olaf, rhoddir i bopeth ei fwyd. Yma rhoddir i'r ddynolryw, fel i'r anifeiliaid eraill, lysiau i'w bwyta ac ni ragwelir yma ladd anifeiliaid i fod yn fwyd. Y mae gobeithion y proffwydi yn rhagweld ailsefydlu'r baradwys hon yn y dyfodol (gw. Es. 11:6-8).

Popeth yn dda

A thrwy gydol hanes y creu ailadroddir y dyfarniad: *A gwelodd Duw fod* (y cyfan hyn) *yn dda* (adn. 4, 10, 12, 18, 21, 25, ac yn glo i'r cyfan, adn. 31). Yr oedd y cyfan yn unol â bwriadau Duw, mewn cynghanedd â'i gilydd ac yn adlewyrchu perffeithrwydd Duw ei hun. Mynegwyd y dyfarniad hwn ar waethaf – neu, efallai, oherwydd – creulondeb pobl i'w gilydd a chreulondeb rhai o ddigwyddiadau naturiol y cread. Felly, y mae Duw yn llawenhau ym mhrydferthwch a daioni (ac y mae i'r gair gwreiddiol y ddau ystyr hyn) y greadigaeth.

Daw'r hanes hwn i ben (2:1-4a) gan gyhoeddi fod Duw wedi gorffen ei holl waith ac wedi gorffwys ar y seithfed dydd. Yma dygir ynghyd y sicrwydd fod Duw wedi cyflawni ei bwrpas mawr, ei fod wedi gorffwys o'i holl waith, ac felly fod y seithfed dydd wedi ei fendithio a'i sancteiddio. Ond nid i Dduw ei hun y mae hyn ond i'r cread cyfan ac i'r ddynolryw i gyd. Felly, nid sefydliad sy'n llethu ac yn gorthrymu gyda'i gaethiwed yw'r 'sabbath' hwn ond cyfle i lawenhau yn y gwaith a orffennwyd ac yn y bydysawd a'r ddynolryw a gawsant eu bodolaeth a'u diben ym mhwrpas y Duw a'i sancteiddiodd. Y mae wedi ei fwriadu i'n hatgoffa, wythnos ar ôl wythnos, o brydferthwch y cread fel yr oedd yn y dechrau a'i fod *yn dda*.

2:4b - 3:24 **Gardd Eden**

Rhagarweiniad

Y mae stori'r penodau hyn yn un wahanol i stori *Genesis* 1 a rhai canrifoedd yn hŷn. Daw'r fersiwn sydd gennym o'r 10fed neu'r 9fed ganrif CC ond y mae'n debygol ei fod wedi ei ddatblygu o draddodiad llawer hŷn (y gwelir fersiynau ohono hefyd ym mythau crefyddol cyntefig yr Aifft a Babilon). Down yn ymwybodol yma o'r berthynas glos sydd rhwng y ffydd fod y ddynolryw wedi ei chreu gan Dduw (yr enw a ddefnyddir am Dduw yn y penodau hyn yw *'yhwh Elohim'*, yr Arglwydd Dduw) a ffaith pechod, dioddefaint a marwolaeth. Ni ellir deall ystyr bywyd ond yng ngoleuni geni a marw, llawenydd a phoen. Wrth edrych ar y penodau hyn gyda'i gilydd cawn olwg ar y stori gyfan: o lunio'r 'dyn' (2:7) i blannu'r ardd (2:8), o roi i'r ddynolryw stiwardiaeth dros y ddaear (2:15) i anufudd-dod y ddynolryw (3:1-13) ac i'r gyrru allan o'r ardd (3:24). Felly, yn y myth hon (hynny yw, dehongliad yr awduron hyn o'u ffydd yn y Duw sy'n Grëwr, yn Farnwr ac yn Achubydd), cawn stori'r ddynolryw a'i thynged.

Yn ei esboniad ef (t. 41 ymlaen), y mae Brueggemann yn ein rhybuddio fod cryn gamddealltwriaeth a chamddehongli o'r penodau hyn wedi digwydd ar hyd y canrifoedd. Byddai'n dda i ninnau hefyd fod yn ymwybodol o'r rhybuddion hyn cyn inni edrych ar y testun ei hun. Y mae'n nodi pum perygl. Yn gyntaf, credwyd fod y testun hwn yn sylfaenol i'r Beibl i gyd. Y mae'n gwadu fod hyn yn gywir. Yn ail, fe'i gwelwyd fel adroddiad am y cwymp. Nid yw'n credu y gellir cyfiawnhau hyn o'r testun ei hun. Yn drydydd, fe'i gwelwyd fel ymgais i esbonio sut y daeth drygioni i mewn i'r byd. Ond, yn ei farn ef, nid oes gan yr Hen Destament ddiddordeb mewn cwestiwn mor haniaethol. Yn bedwerydd, fe'i gwelwyd fel esboniad o sut y daeth marwolaeth i'r byd, gan gysylltu angau a phechod. Unwaith eto, ym marn Brueggemann, nid oes gan yr Hen Destament ddiddordeb mawr yn y cwestiwn hwn. Yn olaf, bu tuedd i ddehongli'r storïau hyn yn nhermau rhyw a rhywioldeb. Efallai bod elfennau rhywiol yn y storïau gwreiddiol ond ni ellir cyfiawnhau'r cyswllt rhwng rhyw a phechod a welwyd yma yn draddodiadol. Os ydym am wrthod y tueddiadau hyn i gyd, codir cwestiynau pwysig am ddiwinyddiaeth Paul, yn fwyaf arbennig yn Rhufeiniaid, ond nid dyma'r lle i drafod y rhain!

Llunio dyn

Felly, at y testun ei hun, gan fod yn rhydd – i'r graddau y mae hynny'n bosibl – o'r traddodiadau sydd wedi casglu o gwmpas y penodau hyn a chan gofio'r rhybuddion am berthynas *Genesis* a gwyddoniaeth a drafodwyd mewn perthynas â phen. 1. Yn y dechrau, yn ôl yr hanes hwn, nid oedd dim ar wyneb daear heblaw'r tarth oedd yn dyfrhau (adn. 6). A'r act gyntaf yn y ddrama oedd: *...lluniodd yr Arglwydd Dduw ddyn o lwch y tir, ac anadlodd yn ei ffroenau anadl einioes...* (adn. 7). Dyma glymu dau wirionedd canolog, sef, mai Duw roddodd fodolaeth a ffurf i'r ddynolryw a bod dynolryw wedi tarddu o ddeunydd crai'r ddaear. Y mae'r gwead rhwng Duw, dynolryw a daear yn un agos a chysegredig. Ond yr hyn sy'n gwneud *dyn* yn fod byw yw *anadl einioes* yn ei ffroenau. Dyma wyrth bywyd: Duw yn anadlu ynddo. Dyma sy'n ei wneud yn *greadur byw*. Sylwer nad oes sôn yma am 'enaid' yn cael ei roi yng nghorff y dyn ac nad oes unrhyw gyfiawnhad yma ychwaith dros y syniad o blannu enaid nac ohonom fel cyfuniad o gorff ac enaid. Rhoi bodolaeth yn a thrwy bopeth ydym a wnaeth Duw.

A dyma godi ar unwaith un o gwestiynau mwyaf dadleuol y ganrif a hanner ddiwethaf, sef, beth yw perthynas y ddynoliaeth â gweddill bywyd ar y ddaear. Os ydyw'r ddynoliaeth *ar ddelw Duw* (gw. 1:26) ac yn unigryw, sut y gall fod perthynas rhyngom a chreaduriaid a phlanhigion ar y ddaear? Y mae damcaniaeth esblygiad (*evolution*) yn honni fod 'dyn' (*homo sapiens*) wedi esblygu o greaduriaid eraill, yn fwyaf arbennig, y mwncïod sy'n rhannu i raddau sylweddol (tua 98%) o'n nodweddion genetaidd a biolegol ni. Nid dyma'r lle i ddadlau achos esblygiad. Digon yma yw ailadrodd yr hyn a ddywedir uchod am 'y glec fawr'. Y mae esblygiad yn cynnig inni fodd i ddeall sut y datblygodd bywyd o ddechreuadau syml a chyntefig i holl gymhlethdod yr hil ddynol dros gyfnod o filiynau o flynyddoedd. Y mae credu mai Duw a greodd hyn oll yn golygu mai egni a chynllun a gwyrth bywyd Duw sydd yn a thrwy'r broses gywrain hon a bod ystyr i'r cyfan. Yng ngeiriau Keith Ward, 'Y mae esblygiad yn awgrymu fod doethineb enfawr ac amyneddgar ac chyfarwyddyd bwriadus y tu cefn i'r cyfan. Y mae damcaniaeth esblygiad a diwinyddiaeth Gristnogol nid yn unig yn gyson â'i gilydd ond yn atgyfnerthu ei gilydd'. Yn yr ymblethu rhwng pob agwedd ar fywyd, o'r cyntefig i'r mwyaf cymhleth, sy'n un o egwyddorion hanfodol esblygiad, cawn fynegiant o'r hyn y mae'r adnodau hyn yn *Genesis* yn ei ddatgan, sef, bod gwead cyfoethog rhwng Duw, daear a dynolryw.

Yna y mae *Genesis* yn disgrifio sut y rhoddir 'y dyn' yn ei amgylchfyd: *a phlannodd yr Arglwydd Dduw ardd yn Eden... a gosododd yno y dyn yr oedd wedi ei lunio* (adn. 8). Y mae perthynas â'r amgylchfyd, fel y gwelsom uchod, yn rhan hanfodol o fodolaeth y ddynolryw. Y mae bywyd y ddynolryw a chyfanrwydd ac integriti'r greadigaeth ynghlwm yn ei gilydd. Ceir haelioni a phrydferthwch yma. Mae'r coed yn *dda* a *dymunol* (adn. 9). Ceir yma hefyd *bren y bywyd* sy'n ddathliad o wyrth bywyd ac yn arwydd o gymdeithas â Duw (gw. Dat. 22:2) yn ogystal â *phren gwybodaeth da a drwg*, sy'n rhybudd, ynghanol yr haelioni, o holl bosibiliadau a pheryglon y wybodaeth honno.

Y mae adn. 10-14 yn ymgais i ddaearu'r stori mewn tir arbennig, yng ngogledd ddwyrain Affrica a'r Dwyrain Canol. Y dyfroedd hyn sy'n llifo i ddyfrhau a chyfoethogi pedwar ban byd – hynny yw, y mae bywyd y ddaear gyfan yn dibynnu ar wyrth Duw. Yn gyffredinol, gwelir yr adnodau fel ymyrraeth yn y testun gwreiddiol, ond fe'u defnyddir yn Esec. 47 a Dat. 22 fel darlun o fywyd ac iachâd.

Cyfrifoldeb a galwedigaeth

Yn adn. 15-17 y mae Duw'n rhoi i'r ddynolryw, ynghanol gogoniant yr ardd, ei chyfrifoldeb a'i galwedigaeth (*ei thrin a'i chadw*), ei rhyddid (*cei fwyta'n rhydd…*) a'i chyfyngiadau eglur (*ni chei fwyta…*). Y mae pwrpas bywyd y ddynolryw a'i thynged yn dibynnu ar sicrhau cydbwysedd priodol rhwng y tair agwedd hon ar ei safle gerbron Duw.

Ond ai dyma ddiwedd y dasg? A ydyw pwrpas, diben a gofynion y ddynolryw wedi eu cylfawni? Yr ateb clir yw: Na! *Nid da bod y dyn ar ei ben ei hun…* (adn. 18). Ni fwriadwyd y ddynolryw i unigrwydd digymdeithas. Fe'i bwriadwyd, yn hytrach, i gymuned a pherthynas. Y mae perthyn yn rhan o'n hanfod. Felly, yn gyntaf, lluniwyd yr anifeiliaid i gyd, i fod yn rhan o'n cymuned o berthynas. Yn wir, y dyn sydd yn eu henwi a thrwy hynny yn rhoi iddynt eu hunaniaeth a'u lle yng nghynllun y cread, mewn partneriaeth â'r ddynolryw. Ond nid yw hyn yn ddigon, oherwydd *ni chafodd ymgeledd cymwys iddo'i hun* (adn. 20). Nid yw'r bartneriaeth hon yn ddigonol. Felly, daw'r wraig i fod, a hynny, yn ôl y stori, o asen y dyn.

Gwryw a benyw

Am ymdriniaeth o agweddau allweddol ar berthynas gwryw a benyw gweler y sylwadau ar 1:26-29. Ond yma daw agweddau gwahanol i'r amlwg. Lluniwyd y wraig o asen y dyn ac o ganlyniad daeth diwinyddion ar hyd y canrifoedd i'r casgliad fod y wraig yn ddibynnol ar y dyn ac yn israddol iddo. Daliai Karl Barth, er enghraifft, fod perthynas y wraig â'r dyn 'fel perthynas B ag A', fel mai B yw'r ail lythyren ac A yw'r gyntaf, felly y mae'r wraig yn ail i'r dyn. Gellir ystyried y term *ymgeledd cymwys* (adn. 20) fel cadarnhad o'r dehongliad hwn: y mae'r wraig i fod yn gysur ac yn gefn i'r dyn.

Ond y mae fersiynau Saesneg yn cyfieithu'r cymal hwn fel *'a helper as his partner'* [NRSV], *'a suitable companion'* [GNB] neu'n *'suitable partner'* [REB]. Gellid dadlau ar sail y rhain fod dehongliad arall yn bosibl. Nid yw'r dyn yn gyflawn nac yn cyflawni pwrpas Duw ar ei gyfer nes bod y wraig wedi ei llunio ohono. Yn y berthynas greiddiol, hanfodol hon y maent ill dau yn cyflawni bwriad Duw. Yn wir, y maent wedi eu bwriadu i fod yn bartneriaid ac y mae cydraddoldeb a chydberthynas rhwng partneriaid yn hytrach na hierarchiaeth. Ai dyma pam y mae'r dyn yn ymateb gyda'r fath lawenydd (adn. 23)? Oddi fewn i'r bartneriaeth hon *byddant yn dod yn un cnawd* ac yn mwynhau ac ymlawenhau yn ei gilydd. Dylid sylwi fod geiriad ymateb y dyn yn chwarae ar eiriau (fel y mae Hebraeg yn aml yn gwneud): *Gelwir hi yn 'wraig' ('iššāh), am mai o ŵr ('îš) y cymerwyd hi.* Gwelodd rai awgrym yma fod hyd yn oed enw'r wraig (ac felly ei hunaniaeth) yn ddibynnol ar enw'r gŵr, ac nad oes ganddi ei hunaniaeth ei hunan. O ganlyniad bu rhai diwinyddion yn feirniadol iawn o'r traddodiad Beiblaidd hwn am ei fod yn trosglwyddo ar draws y canrifoedd agweddau a daliadau diwinyddol sy'n hollol annerbyniol i lawer erbyn heddiw.

Y sarff

Yn awr, codir y llen ar olygfa newydd yn y ddrama. Ymddengys y sarff (3:1), sef, un o'r creaduriaid a luniwyd gan Dduw. Yr unig beth a ddywedir amdani yw ei bod *yn fwy cyfrwys na'r holl fwystfilod gwyllt a wnaed gan yr Arglwydd Dduw.* Y mae llawer o esbonwyr diweddar yn honni nad oes dim yn yr adnodau hyn (3:1-7) sy'n cyfiawnhau'r holl bwysau diwinyddol a roddwyd ar y creadur hwn ar hyd y canrifoedd. Yn nhermau'r testun ei hun, nid yw'n fod mytholegol ac yn sicr nid satan neu'r diafol neu ffynhonnell drygioni ydyw. Nid yw'n ddim mwy na actiwr di-nod (*'bit part'*) neu ddyfais lenyddol neu ddiwinyddol, yn yr olygfa hon (ond gw. y nodyn ar adn. 14-15). Y prif gymeriadau yw'r dyn a'r wraig sy'n ildio, o'u hewyllys eu hunain, i demtasiwn *gwybodaeth da a drwg* y clywsom amdano yn 2:17. Trwy fwyta o ffrwyth y pren hwn y maent yn sarnu'r cydbwysedd hanfodol a fwriadwyd gan Dduw rhwng cyfrifoldeb, rhyddid a therfynau'n rhyddid (gw. y sylwadau ar 2:15-17).

O'r cychwyn, felly, gwneir yn amlwg fod plygu i anufudd-dod yn demtasiwn gynhenid yn y ddynolryw. Nid mater o bechod gwreiddiol yw hyn (hynny yw, bod stamp pechod Adda ar bob bod dynol a'i dilynodd a hynny o'i eni) nac o gwymp (hynny yw, fod y ddynolryw wedi syrthio o rhyw berffeithrwydd cyntefig), ond, yn hytrach, bod personau sydd â'r gallu ganddynt i ddirnad a deall, i gyfathrebu â'i gilydd ac â Duw, i wrando ar ei gilydd ac ar Dduw, yn debygol o geisio ymestyn y tu hwnt i'r ffiniau a osodwyd ar eu cywreinrwydd gan Dduw. Wedi'r cyfan, y mae'r demtasiwn yn ormod: bod *fel Duw* (adn. 5). A'r canlyniad yw eu bod yn herio'r ffiniau a osododd Duw a thrwy hynny yn magu'r awydd i guddio oddi wrth ei gilydd rhag iddynt ddod i adnabod ei gilydd yn gyflawn yn eu holl noethni fel personau unigol (adn. 7), mewn modd nad oedd yn fygythiad iddynt gynt (2:25). Daethant i wybodaeth lawnach ond 'roedd i'r wybodaeth ei phris.

Yn draddodiadol, rhoddwyd y bai am hyn i gyd ar y wraig (adn. 6). Ond mewn cyfamod a chwlwm fel yr un a ddarlunnir ym mhen. 2, y mae temtio un yn golygu temtio'r ddau. Y mae'r ddau, fel ei gilydd, ar fai ac wedi bod yn anufudd. Aeth y cyfamod a oedd yn gyfrwng cyflawni pwrpas Duw ar gyfer y ddynolryw (2:18 ymlaen) yn gyfrwng herio amcanion Duw mewn modd hunanol. Nid oes cymuned ddynol berffaith oherwydd daw hunanoldeb ac uchelgais yn ei ffordd.

Duw yn yr ardd

Yna maent yn dirnad presenoldeb arall yn yr ardd (adn. 8-13). Nid ydynt wrthynt eu hunain gyda'r sarff. *Clywsant sŵn yr Arglwydd Dduw yn rhodio yn yr ardd gyda hwyr y dy*dd (adn. 8) ac ni allant gilio. Y mae'r Duw sydd eisoes yn gwybod y dirgelion yn mynnu fod y rhai a fu'n anufudd yn ymddwyn yn onest ac agored yn ei bresenoldeb ef (adn. 9-11). Y mae hunanoldeb yn gafael yn y ddau: 'fi' yw'r cyfan yn adn. 10-13. Mae partneriaeth wedi diflannu, 'myfi' yw popeth. Ond ni ellir cuddio beiau yma, na beio eraill chwaith, na'r wraig, na'r sarff. Rhaid i bawb gymryd ei gyfrifoldeb ei hun am ei anufudd-dod ei hun. Y mae felly bob amser ym mhresenoldeb Duw.

Dedfryd Duw

Yn awr, rhydd Duw ei ddedfryd ar y sarff (adn. 14-15), ar y wraig (adn. 16) ac ar Adda (adn. 17-19), enw a ddefnyddir yma am y tro cyntaf. Y mae'n fwy grasol nag a addawyd: nid ydynt yn marw (gw. 2:17). Gwelodd rhai esbonwyr, felly, arwyddion o ras Duw hyd yn oed yn y dyfarniad ei hun. Y mae'r tair dedfryd yn trawsnewid amodau byw y rhai euog yn llwyr.

Bydd yn rhaid i'r sarff fyw ar lwch ac nid ar ddigonedd yr ardd (adn. 14) ac mewn gwrthdaro â'r ddynolryw (adn. 15). Dyma ymddieithrio rhwng anifail a'r ddynolryw sy'n tanseilio'n llwyr holl fwriad Duw yn y creu. Gellir gweld yma fersiwn o hen felltith draddodiadol yn cael ei defnyddio i esbonio rhai o nodweddion y sarff. Y mae braidd yn anodd cysoni'r dyfarniad hwn â barn rhai esbonwyr mai chwarae *'bit-part'* y mae'r sarff yn nrama'r ardd. Awgrym y ddedfryd yw fod y sarff wedi bod, mewn gwirionedd, yn ddarlun o'r frwydr oesol rhwng drygioni'r ddynolryw ac amcanion daionus Duw a bod yr elyniaeth yn symbol hefyd o'r ymdrech yn erbyn drygioni y mae'n rhaid inni ei hymladd. Ac yn *Genesis* nid oes awgrym y bydd dihangfa. Nid oes yma ychwaith, fel y credodd rhai esbonwyr, gyfeiriad at y Meseia ac, felly, at Grist. Ac eto, bydd Cristnogion yn dathlu'r ffaith i Grist, y croeshoeliedig a atgyfodwyd, 'wneud pen y sarff yn friw' (*John Elias*) ac agor y ffordd allan o'r ymddieithrio hwn.

Y mae'r dyfarniad ar y wraig yn gwneud y ffrwythlonedd, a welwyd fel un o roddion y Crëwr, yn boen ac yn llafur, ac yn troi'r bartneriaeth a ddarluniwyd yn 2:21 yn ddyhead chwantus sy'n cael ei wobrwyo'n unig gan ddominyddu (a all fod yn greulon) gan y dyn. Dyma esbonio anawsterau bywyd gwragedd yng nghyfnod ysgrifennu *Genesis* drwy eu gwreiddio mewn myth. Nid yw'n hawdd derbyn esboniad o'r fath bellach. Yn sicr, ni ellir rhoi'r bai am ddominyddiaeth dynion dros wragedd ar yr hyn ddigwyddodd yn yr ardd. Esboniad cyfnod a diwylliant arbennig yw hwn.

Nid oes amheuaeth fod y dyfarniad ar y dyn yn cyfleu mewn modd dramatig iawn gyflwr y ddynolryw (ac nid dynion yn unig) ar hyd yr oesau. Y mae'r ddaear fel y cyfryw yn cael ei sarnu gan hunanoldeb ac uchelgais dynol (adn. 17a). Nid ydym yn byw mewn Eden o fyd lle mae popeth sydd ei angen arnom wrth law. Y mae'n rhaid llafurio i'w gael (adn. 17b), rhai, wrth gwrs, yn ein byd cyfoes anghyfiawn, yn fwy na'i gilydd. Y mae cyflawni unrhyw dasg o bwys yn golygu ymdrech (*drain ac ysgall...[a] chwys* adn. 18-19a) nad yw o angenrheidrwydd yn gosb arnom ond sy'n medru bod yn rhan o'n tyfiant fel personau. Nid dyma'r man i drafod a ydyw'r strwythur cymdeithasol ac economaidd hwn yn un cyfiawn a theg o safbwynt Cristnogol! Ond o leiaf y mae'r ymddieithrio oddi wrth y ddaear a'i chynnyrch a ddisgrifir yma yn codi cwestiynau sylfaenol am natur ein cymdeithas gyfoes, yn y gwledydd tlawd a'r gwledydd cyfoethog, ac am y graddau y mae'n adlewyrchu mewn unrhyw fodd bwrpas Duw ar gyfer y ddaear a'r ddynolryw.

Nid oes gwadu ychwaith realiti biolegol y disgrifiad o'n tynged: fe fydd y cylch yn cau a bydd y ddynolryw a luniwyd o'r llwch (2:7) yn dychwelyd iddo. Dyma yw'r ffaith. Nid oedd yng nghyfnod llunio ffurf derfynol *Genesis* unrhyw gred mewn atgyfodiad na bywyd tragwyddol. Eto bydd Cristion yn gweld, y tu hwnt i'r ddedfryd hon, addewid atgyfodiad trwy Grist, a atgyfododd o'r ddaear. Gellid dadlau nad rhan o'r ddedfryd yw diwedd adn. 19 (*hyd oni ddychweli i'r pridd* a.y.y.b....) ond disgrifiad moel o ffaith bywyd a marwolaeth. Bydd y llafur a'r chwys yn parhau tan i'r dyn ddychwelyd i'r llwch, hynny yw, tan ddiwedd ei fywyd. Os felly, ni ddylid dod i'r casgliad y daeth Paul iddo (o leiaf, nid ar sail y testun hwn yn unig) fod pawb 'yn marw yn Adda' (I Cor. 15:22), gan na fyddai marwolaeth, ar y dehongliad hwn, yn rhan o ddedfryd Duw ar anufudd-dod y dyn. Nid yw hyn, wrth gwrs, mewn unrhyw fodd i leihau ergyd geiriau nesaf Paul, sef, 'gwneir pawb yn fyw yng Nghrist'.

Cuddio noethni

Y mae adn. 20 yn cysylltu â 4:1 ac yn gweld yn y wraig un a roddwyd gan Dduw i fod yn *[fam] pob un byw*. Felly caiff ei henwi'n Efa (Hebraeg *hawwāh* 'bywyd'), gan mai hi, ar waethaf anufudd-dod yr ardd, fydd rhiant cyntaf y ddynolryw. Yn 3:7 mae'r dyn a'r wraig yn gwnïo dail ffigysbren at ei gilydd i wneud *ffedogau* i guddio'u noethni. Ond nid oeddent yn ddigonol i'w cuddio rhag y Duw sy'n 'chwilio ac yn adnabod' (Salm 139:1). Yn awr, y mae Duw ei hun yn gwneud *peisiau crwyn* (adn. 21) iddynt. Dyma Dduw ei hun, yn ôl Westermann, yn dangos ei dosturi atynt, hyd yn oed wedi iddo'u condemnio ac ar drothwy eu taflu allan o'r ardd. Rhaid i drugaredd Duw guddio noethni'n hanufudd-dod os ydym i wynebu realiti byd nad ydyw yn Baradwys.

Diweddglo

Dygir y naratif cyfoethog hwn i ben yn adn. 22-24. Yn gyntaf, ceir datganiad fod y rhybudd a gafodd y dyn a'r wraig (adn. 1-7) bellach wedi dod yn wir. Y maent *yn gwybod da a drwg*. Hynny yw, y mae ganddynt ddirnadaeth foesol, yn dirnad y dewisiadau anodd y mae bywyd yn eu gorfodi arnynt a chyda'r adnoddau i benderfynu er mwyn eu lles neu eu dinistr. Ac nid oes ffordd hawdd o wynebu'r dynged hon: ni chânt ddod allan ohoni drwy *gymryd o bren y bywyd...a byw hyd byth* (adn. 22). Bellach rhaid i'r ddynolryw wynebu ei chyfrifoldeb moesol gerbron Duw. Ond rhaid gwneud hynny y tu allan i Eden, y tu allan i'r amgylchedd paradwysaidd lle mae popeth wrth law i'w ennill yn ddiymdrech. Yn ail, felly, *am hynny...* cânt eu hanfon allan o'r ardd. Dyma'r gosb am fod yn anufudd i orchymyn y Duw a fu'n *rhodio yn yr ardd gyda hwyr y dydd* (adn. 8). Y mae eu hanufudd-dod wedi eu hymddieithrio oddi wrth Dduw. Dyma yw hanfod pechod, yn ôl Paul Tillich, ymddieithrio (ei air ef yw *alienation*) oddi wrth Dduw, oddi wrth ein gilydd ac oddi wrth y cread – ac y mae'r tair agwedd hon yn y naratif hwn. Ac nid oes ffordd yn ôl. Yn drydydd, felly, gosodir *cerwbiaid,* sy'n arwyddion o sancteiddrwydd a mawrhydi Duw, i amddiffyn y mynediad ynghyd â *...chleddyf fflamllyd yn chwyrlïo*. Ceir arwyddion yn y delweddau hyn o'r mythau cyntefig, ond y mae eu hamcan yn ddigon real: nid oes bellach ffordd ddi-boen a diymdrech at *bren y bywyd* (adn. 24). Nid tan y daeth Iesu y gellid dweud gyda hyder fod 'Pren y bywyd wedi ei gael/*Wrth law* mewn anial dir' (William Williams, Pantycelyn).

I grynhoi'r adran gynhwysfawr hon, nodwn yn unig nad yw'r naratif hwn yn caniatáu esboniad diwinyddol am bechod gwreiddiol na chwymp (gw. y sylwadau ar 3:1-8). Yr hyn a geir yma yw dehongliad o fodolaeth dynol sy'n cydnabod fod ynddo o'r dechrau dyndra rhwng ei agweddau cadarnhaol a negyddol, y posibiliadau a'r cyfyngiadau o fod yn greaduriaid gerbron Duw yn y bydysawd. Ymgais sydd yma i ddeall pam y mae pechod, dioddefaint a marwolaeth yn nodweddu bywyd dynol. A neges y naratif yw na chawn ein gwahanu oddi wrth Dduw gan y pwerau hyn, hyd yn oed os ydym wedi'n ymddieithrio oddi wrth Dduw. Yr her yw ein bod yn wynebu'n cyfrifoldeb moesol mewn byd cymhleth a dryslyd, gan wybod fod trugaredd Duw yn ein dilyn y tu allan i'r Ardd. A'r sicrwydd i'r Cristion yw fod Duw wedi datguddio'i ewyllys inni'n llawn yng Nghrist a bod y Crist hwn wedi agor y ffordd at Dduw trwy ei groes a'i atgyfodiad.

4:1-16 **Cain ac Abel**

Yma eto cawn stori am gyflwr a thynged y ddynolryw, am natur bodolaeth ddynol ac am berthynas Duw â'r ddynolryw sy'n methu a byw fel y bwriadwyd iddi gan Dduw. Nid yw'n ddigon inni weld hon fel stori syml am frawd yn llofruddio brawd, Duw yn ei gosbi a ninnau'n dod i weld canlyniadau moesol torri un o gyfreithiau Duw. Darlun sydd yma o'n byd clwyfedig a darniog, a methiant brodyr (a chwiorydd) i fyw gyda'i gilydd mewn cynghanedd.

Yn adn. 1 a 2 genir dau fab i Adda ac Efa. Enwir y cyntaf yn Cain (Hebraeg *qanah*), sef, creu, neu rhoi bodolaeth (efallai, fel y mae gof yn rhoi bod i'r hyn y mae'n ei greu). Hwn yw'r mab hynaf. Yna genir Abel, sef, anadl sydd megis dim ('...y mae fy oes fel dim yn dy olwg; yn wir chwa o wynt yw pob un byw' Salm 39:5). Yr oedd Abel yn fugail defaid a Cain yn trin y tir, y ddwy alwedigaeth sylfaenol yn y cyfnod cyntefig. Y mae'r ddau yn addoli Duw a'r ddau'n cyflwyno rhoddion priodol. Nid oes unrhyw reswm amlwg dros iddynt gael eu gwrthod gan Dduw. Ond gwrthodir rhodd Cain tra derbynnir rhodd Abel; gwrthodir yr hynaf a derbynnir yr ieuengaf, a hynny gan Dduw (adn. 5). Y mae dig Cain yn naturiol ddigon. Ond nid oes esboniad am ymateb, ymddangosiadol anghyfiawn, Duw. Efallai mai bwriad y naratif yw dangos fod Duw yn rhydd a bod bywyd yn medru ymddangos yn annheg. Pa ryfedd bod gwrthdaro ac anghydfod yn corddi o dan wyneb y ddynolryw? Y mae'r anghyfiawnder a'r eiddigedd sydd yn y stori wedi nodweddu'r ddynolryw ar hyd yr oesau. Ac yn y cyfan hyn, rhaid dygymod â'r Duw sy'n herio'r brawd dig a gwynepdrist (adn. 6-7). Y mae Duw'n cynnig i Cain ddau bosibilrwydd. Yn gyntaf, y mae'n ei herio â chwestiwn, *Os gwnei yn dda, oni fyddi'n gymeradwy?* Wrth ofyn y cwestiwn hwn cymerir yn ganiataol ei bod yn bosibl i Cain (ac felly i'r ddynolryw) – ar waethaf anufudd-dod a rhybuddion yr Ardd – i ddewis bod yn dda, hynny yw, yn y cyd-destun hwn, bod yn ufudd a ffyddlon i ewyllys a phwrpas Duw.

Ar y llaw arall, y mae posibilrwydd amgen, a gyflwynir mewn darlun byw iawn. Os nad yw'n gweithredu'n gyson ag ewyllys Duw ac yn gwneud *yn dda*, bydd *pechod yn llercian wrth y drws* a'i *wanc* am Cain (adn. 7), fel y mae llew yn cuddio'n ddisymud, yn barod i neidio ar ei ysglyfaeth a'i ddifetha. Hynny yw, nid y weithred ddrwg ynddi ei hunan yw'r pechod, ond y grym sy'n meddiannu person ac yn cymryd rheolaeth o'i fyw a'i fod. Nid peth bach, felly, yw gweithredu yn erbyn brawd oherwydd fe all y weithred *agor y drws* a chreu'r cyfle i bechod feddiannu bywyd a bod Cain. Sylwer hefyd ar ergyd y gair *gwanc*. Y mae elfen gref o'r tywyll a'r pechadurus yn y gair hwn. *Gwanc* am feddiannu a dinistrio sydd yma, a gall fod ar waith ym mywyd personau, fel y gŵyr Seicoleg, erbyn hyn, ond yn rhy dda. Ond nid yw cyflwr Cain (na'r ddynolryw) yn ddiobaith. Y mae diweddglo adn. 7 (*rhaid i ti ei drechu*) yn awgrymu ei bod yn rhaid i Cain drechu pechod am ei fod ***yn bosibl*** iddo drechu pechod. Nid oes raid i bechod gael y gair olaf, hyd yn oed yng nghyfundrefn yr Hen Destament. Y mae rhai esbonwyr (a Brueggemann yn fwyaf arbennig [t. 59]) yn tynnu sylw at y modd y mae John Steinbeck yn treiddio i arwyddocâd y gwahaniaeth rhwng y *King James Version* o'r cymal hwn (*'thou shalt rule over him'*) a'r *American Standard Version* (*'do thou rule over him'* sy'n cyfateb i'r BCN). Addewid yw'r cyntaf. Gorchymyn yw'r ail. Meddai Steinbeck:

'This is a ladder to climb to the stars...It cuts the feet from under weakness and cowardliness and laziness' (East of Eden, t. 304). Dyma wahoddiad a her i orchfygu pechod am fod grym wrth law i'w orchfygu.

Ond ar waetha'r rhybuddion, nid yw Cain yn dewis dringo'r ysgol hon. Yn hytrach, y mae'n dewis ffordd pechod ac yn ceisio twyllo'i frawd (a Duw) wrth wneud hynny. Y mae'n lladd Abel, ei frawd. Caiff pechod ei ffordd ym mywyd Cain.

Tynnwyd sylw at y tebygrwydd rhwng yr adroddiad hwn o brawf Cain gerbron Duw a phrawf Adda ac Efa gerbron Duw yng Ngardd Eden (3:9-19): yn y naill a'r llall, ceir prawf ar ffurf cwestiwn ac ateb, dyfarniad Duw, ac yn olaf, gweithredir y gosb. Y mae'r deialog rhwng Duw y Barnwr a Cain y Pechadur yn datgelu llawer am gyflwr oesol y ddynolryw. Aeth cwestiwn Duw ar goll o'r testunau hynaf ond tybir fod y fersiwn sydd yn y testun presennol yn debygol o fod yn weddol gywir: *Ble mae dy frawd Abel?* (adn. 9). Ymateb cyntaf Cain yw celwydd, ceisio cuddio'r gwir. Ei ail ymateb yw ceisio gwadu cyfrifoldeb, nid yn gymaint am ei frawd, wrth gwrs, fel y mae'n ceisio awgrymu, ond am ei weithredoedd ei hunan. Nid ydyw'n dewis dringo'r ysgol ac y mae'n gadael i bechod ei feddiannu. Ond ni ellir twyllo Duw: *Beth wyt wedi ei wneud?* (adn. 10). Y mae Duw yn ateb ei gwestiwn ei hun: y mae'r pridd – y galwyd Cain i'w drin – ei hunan yn gweiddi allan ar Dduw oherwydd y mae'r ddaear wedi ei halogi, y gynghanedd rhwng y ddaear a'r ddynolryw wedi ei chwalu a phwrpas Duw ar gyfer y cyfanfyd wedi ei sarnu. Caiff cynghanedd y bydysawd ei dinistrio pan mae brawd yn llofruddio brawd, a'r ddaear, fel petai, yn melltithio'r ddynolryw (adn. 11), fel y mae dyfarniad Duw yn datgan. Canlyniad hyn yw na fydd y tir yn dwyn ffrwyth iddo ac na all o ganlyniad gyflawni ei alwedigaeth (adn. 2). Ni fydd unman ar y ddaear, ychwaith, yn gartref iddo, fe fydd yn *ffoadur a chrwydryn* (adn. 12 ac 14) oherwydd chwalwyd ei berthynas â'r tir. Yn union fel y collodd Adda ei gartref yn

Eden, felly ni fyddai gan Cain mwyach gartref yn unman ar y ddaear.

Ond yn wyneb y fath ddyfarniad y mae Cain yn ymbilio am drugaredd yn adn. 13 (a gyfieithiwyd gan Martin Luther fel 'Y mae fy mhechod yn rhy fawr i'w faddau'). Erbyn hyn, cytunir (gan fod y gair Hebraeg *'āwōn* yn medru golygu pechod a/neu cosb) mai protestio yn erbyn y gosb a wna Cain. Y mae'n ailadrodd geiriau Duw ac yn sylweddoli fod cael ei daflu oddi ar y tir yn golygu hefyd cael ei guddio o ŵydd Duw (adn. 14). Credai mai canlyniad ildio i afael grym pechod fyddai ymddieithrio oddi wrth Dduw. Dyma'r gosb eithaf. Ac ochr yn ochr â'r ofn hwn yr oedd ofn cael ei lofruddio, oherwydd ei drosedd, gan bwy bynnag a ddeuai ar ei draws. Ond y mae Duw yn rhoi ei nod arno, arwydd sy'n datgan euogrwydd Cain ond sy'n datgan hefyd drugaredd amddiffynnol Duw tuag at yr un a fyddai bellach yn *ffoadur a chrwydryn* wedi ei guddio o ŵydd Duw. Daw euogrwydd a gras ynghyd yn y ddrama hon. Yn grwydryn allan o ŵydd Duw, ar un olwg, ac eto, 'Ni'm cuddir o'i ŵydd e'/Mewn lle'n y byd' (William Williams, Pantycelyn). Hyd yn oed *yn nhir Nod,* tir y tristwch a'r digalondid, o'r tu dwyrain i Eden, wedi ei wahanu oddi wrth Dduw, y mae gras o hyd ar waith, y mae'r nod ar dalcen Cain.

Ar ddiwedd pen. 3 a 4, y mae'n werth nodi fod ildio i rym pechod yn erbyn Duw (pen. 3) ac ildio i rym pechod yn erbyn brawd (pen.4) fel ei gilydd yn bechod ac yn arwain at ymddieithrio a gwahanu. Y mae argyfwng a thynged y ddynolryw yn tarddu yn gymaint o'n perthynas â brawd a chwaer ag y mae o'n perthynas â Duw.

6:5-22 **Noa**

Y mae'r naratif am Noa ym mhen. 6-9 yn dechrau gyda phenderfyniad Duw i ddinistrio'r ddynolryw gyfan, ac eithrio Noa. Y mae'n gorffen gydag addewid Duw i beidio â dinistrio'r hil ddynol byth eto. Ymwneud Duw â Noa a'i deulu sy'n trawsnewid y sefyllfa. Cytunwyd ei bod yn debygol fod yr hanes fel y mae yn *Genesis* wedi tarddu o ddau draddodiad, sef y traddodiad Iahwaidd (J) a'r traddodiad Offeiriadol (P) a bod y ddau wedi'u plethu i'w gilydd. 'Roedd prif elfennau'r hanes yn bresennol yn y ddau draddodiad, sef, Duw'n penderfynu dinistrio'r hil ac achub Noa, hanes arbed Noa, hanes dinistr y dilyw, y dilyw'n darfod a Noa'n gadael yr arch, ac addewid Duw i arbed yr hil. Nid yw storïau am ddilyw o'r fath yn unigryw i Israel: y mae traddodiadau am ddilyw cyntefig yn gyffredin iawn nid yn unig yn y Dwyrain Agos hynafol ond hefyd mewn rhannau eraill o'r byd, ac y mae i lawer ohonynt elfennau tebyg i'r hanes sydd yn *Genesis*. Ond y mae'r dehongliad o'r hanes yn gwahaniaethu'n fawr. Yn y diwedd, nid manylion y stori sy'n hanfodol – ac, felly, nid yw eu cadarnhau neu eu dadbrofi drwy ddarganfyddiadau archaeolegol ac ati yn dyngedfennol. Hanfod y naratif hwn yw fod yr hyn sy'n digwydd yng nghalon Duw, a'r cyfamod a wnaeth â Noa, yn cael dylanwad sylfaenol ar y cread. Y trawsnewid hwn yw craidd y stori hon. Y mae Duw'n gweithredu i adfer dynolryw rwygedig a'r cread a chwalwyd i'w pwrpas gwreiddiol.

Y mae adn. 5-8 yn cyflwyno dirnadaeth, ymateb a barn Duw. Gyda chynnydd yr hil ddynol, daw cynnydd yn ei drygioni, a ddechreuodd, wrth gwrs, gydag anufudd-dod yr Ardd. Dylid sylwi mai nid sôn a wneir yma am weithredoedd pechadurus arbennig ond am *holl ogwydd eu bwriadau*. Y mae, fel petai, yn gweld fod yr hil gyfan yn cynllunio drygioni. A dyna sarnu bwriadau Duw yn y dechrau pan welodd fod y cyfan a wnaeth *yn dda iawn* – gan gynnwys yr hil ddynol. Y mae pwrpas Duw yn y creu wedi ei ddadwneud. Yn wir, cymaint felly nes ei fod *yn edifar* am iddo greu dynolryw o gwbl. Ni fyddai dim ond dechrau newydd yn tycio i adfer y cyflwr enbyd hwn. Ac ni ddeuai hyn heb ddinistrio'r hil a'r holl anifeiliaid a'u dileu oddi ar wyneb y ddaear. Y dinistr hwn o'r bywyd a greodd Duw i fod yn dda a barodd iddo *ofidio yn fawr* : nid ar chwarae bach y mae Duw yn barnu, yn hytrach, y mae'n boen iddo.

Ond y mae Noa yn cynnig posibilrwydd gwahanol. Oherwydd ynddo ef y mae bwriadau Duw ar gyfer yr hil yn cael eu cyflawni: *gŵr cyfiawn* a *pherffaith* sy'n *rhodio gyda Duw* (adn. 9). 'Roedd yn *gyfiawn* yn ei ymwneud â'i gymdeithas ac yn *berffaith* yn ei ymddygiad cwltaidd a chrefyddol. Gan fod adn. 11 ymlaen yn dod o'r ffynhonnell offeiriadol (ac adn. 5 ymlaen o'r ffynhonnell Iahwaidd), ymddengys fel ail-adrodd o ddadansoddiad a roddwyd eisoes. Ond y mae'r dadansoddiad hwn yn llawer mwy treiddgar a manwl. Y mae'r ddaear ei hun wedi ei llygru am fod y bywyd arni wedi ei halogi (gw. 4:10 a'r sylwadau ar yr adnod). Y mae'n *llawn trais,* sef, creulondeb dinistriol rhwng pobl a'i gilydd. Yn yr hyn a ddywed Duw wrth Noa, ailadroddir y farn sydd yn adn. 5-7 a gwneir yn glir fod y ddaear gyfan i'w *difodi* am fod y ddynolryw gyfan a'r ddaear gyfan wedi eu llenwi *â thrais.* Rhaid i'r ddaear ei hun ddechrau eto.

Ond craidd y dechrau newydd yw bwriad Duw mewn perthynas â Noa, ei deulu a'i eiddo. Rhoir iddo'r cynllun ar gyfer adeiladu'r arch (adn. 14-16), cynllun bras iawn (y bu cryn ddadlau am ei fanylion) nad yw'n ddigonol ar gyfer unrhyw adeiladydd! Ond, yn bwysicach, y mae Duw'n sefydlu ei gyfamod â Noa (adn. 18). Y cyfamod hwn fydd y dechrau newydd i'r ddynolryw, i'r ddaear ei hun a'r creaduriaid byw sydd arni. Y mae'r cyfamod â Noa, felly, yn gyfamod â'r cread hefyd. Y mae cynrychiolaeth o'r hyn a grewyd yn y dechrau yn cael ei gasglu i'r arch i fod yn fan cychwyn y posibilrwydd newydd. Yn y dechrau newydd hwn bydd y bartneriaeth rhwng y ddynolryw a rhywogaethau'r anifeiliaid yn dal i fod yn greiddiol. Y maent yn perthyn i'w gilydd. Dyma ergyd ganolog yr adnodau hyn ac y mae gofyn, Sut yn y byd y gallai Noa fod wedi casglu'r holl anifieiliaid hyn i'r arch? yn amherthnasol i galon y naratif hwn.

Y mae'r adran yn gorffen drwy'n hatgoffa fod y cyfan yn dibynnu nid yn unig ar gyfamod Duw ond hefyd ar ufudd-dod Noa (adn. 22).

7:1 - 8:19 **Y Dilyw**

Y mae'r ddwy ffynhonnell wreiddiol (J a P) wedi eu cyfuno yn y penodau hyn ac y mae hyn yn esbonio'r ailadrodd a geir yn y naratif (er enghraifft, cymh. 7:7-9 a 7:13-16). Ceir adlewyrchiad yma o ddyfarniad Duw ar Noa fel gŵr *cyfiawn ger fy mron yn y genhedlaeth hon*. Fel y mae Duw yn cadw ei gyfamod ac felly yn gyfiawn, y mae Noa hefyd yn gyfiawn yn ei berthynas â Duw, ac yn sefyll ger ei fron mewn gras. Y mae'r ffynhonnell offeiriadol (P) yn gwahaniaethu'n fwy manwl na'r llall rhwng anifeiliaid glân ac aflan yn nhermau'r gyfraith gwltaidd Iddewig (adn. 2-3) ond y mae'r naill a'r llall yn cael eu lle yn yr arch, ac felly ym mwriad Duw i achub y ddaear a'i chreaduriaid (*i gadw eu hil yn fyw*). Y mae'r rhybudd am y glawio yn fwy manwl yma hefyd. Fe ddaw ymhen saith diwrnod a bydd yn parhau am ddeugain diwrnod a deugain nos. Yn adn. 7-9 adroddir am ufudd-dod Noa i orchymyn Duw ac yna (adn. 10) mae'r dilyw yn dechrau. Y mae'n ddisgrifiad dramatig: *rhwygwyd holl ffynhonnau'r dyfnder mawr ac agorwyd ffenestri'r nefoedd* (adn. 11), delweddau a ddefnyddiwyd yn helaeth yn ddiweddarach gan Iddewon a Christnogion. Awgryma'r termau hyn fod yr anhrefn cyntefig hwn fel petai wedi chwalu trefn y cread. Gwêl rhai esbonwyr wahaniaeth rhwng y delweddau cosmig hyn a'r digwyddiad mwy naturiol, ond sydd yr un mor ddinistriol er hynny, a groniclir yn adn. 12.

Ufudd-dod Noa i orchymyn Duw sydd yn adn. 13-16, ac i'r ffynhonnell offeiriadol, dyma yw calon y stori. Dyma'r ddolen rhwng cyfiawnder Noa a bendith ac addewid Duw iddo. Dyma'r ufudd-dod sy'n sicrhau ei achubiaeth. *A chaeodd yr Arglwydd arno* (adn. 16) a thrwy hynny, gweithred Duw ei hun a sicrhaodd ei ddiogelwch ef a'i deulu a'r anifeiliaid a oedd i fod yn gychwyn y posiblrwydd newydd.

Yn adn. 17-24 ceir disgrifiad pwerus iawn o rym a dinistr y dilyw, mewn geiriau megis *amlhaodd* (adn. 17) a *cryfhaodd* (adn. 18 ac 19), wrth i'r dyfroedd ymgasglu. Tanlinellir hefyd, drwy ailadrodd, mor llwyr oedd y dinistr ar bob bywyd: *trengodd pob cnawd* (adn. 21), *bu farw popeth* (adn. 22), *dilewyd popeth byw* (adn. 23). Ac mewn gwrthgyferbyniad llwyr â'r dinistr hwn, cyhoeddir *Noa yn unig a adawyd, a'r rhai oedd gydag ef yn yr arch* (adn. 23), y gweddill a oedd i fod yn gychwyn newydd i'r greadigaeth.

Yn 8:1-19 cawn hanes diwedd y dilyw. *Cofiodd Duw am Noa…* (adn. 1) a'r cofio hwn a droes ddinistr y dilyw yn gychwyn iachawdwriaeth. Yn wir, dyma obaith tragwyddoldeb, yn ôl Paul Tillich, fod Duw yn ein cofio, ar waethaf pob dinistr ac anufudd-dod. Cododd Duw wynt a *chaewyd ffynhonnau'r dyfnder a ffenestri'r nefoedd* (cymh. 7:11) ac o ganlyniad, wedi cant a hanner o ddyddiau, dechreuodd y dyfroedd gilio. Ar y seithfed mis, mae'r arch yn glanio *ar fynyddoedd Ararat*. Sylwer ar y lluosog yma: nid oes mynydd penodol mewn golwg ond cadwyn o fynyddoedd yn yr ardal i'r Gorllewin o afon Tigris, Armenia heddiw, yr uchaf yn y cyffuniau. (Yn yr hanesion Indiaidd daw'r arch i orffwys ar fynyddoedd yr Himalaya). Ond ni ddaeth pennau'r mynyddoedd eraill i'r golwg tan y degfed mis. Y mae Noa'n aros ddeugain niwrnod eto. Ysywaeth ei bod yn arwyddocaol i olygydd *Genesis* fod y cyfnod hwn o ddisgwyl yn cyfateb yn union i gyfnod y glawio: deugain niwrnod y prawf a deugain niwrnod yn disgwyl iachawdwriaeth.

Yn y cyfeiriadau at yr adar yn yr adnodau nesaf (adn. 6-12), ceir atgof eto o'r bartneriaeth rhwng Noa a'r creaduriaid a gasglwyd ato i'r arch. Danfonir cigfran i fod yn dyst cyntaf i drai'r dyfroedd ac i fynd *yma ac acw* (adn. 7), fel petai'n gwylio posibiliadau'r greadigaeth newydd yn dod i'r golwg. Y mae'r hanesion cyfarwydd am y colomennod yn ein hatgoffa'n arbennig am y berthynas glós rhwng y ddynolryw a'r greadigaeth. Ac yn y diwedd, ni ddychwelodd y golomen – a ddaeth yn ddiweddarach yn symbol o Ysbryd Duw ac o'i dangnefedd – oherwydd bellach y mae'r ddaear ar ei newydd wedd unwaith eto, ac yn medru bod yn gartref i'r gweddill a gadwyd ac a gofiwyd er mwyn iddynt fod yn flaenffrwyth y byd newydd.

Ymhen blwyddyn, namyn deg diwrnod, o gychwyn y dilyw, yr oedd y ddaear wedi sychu a chafodd Noa orchymyn Duw i adael yr arch. Sylwer mai ar orchymyn Duw y mae hyn yn digwydd ac nid ar sail penderfyniad Noa. Duw sy'n rheoli. Duw greodd. Duw gosbodd. Duw achubodd. Duw sydd yn awr yn gollwng Noa allan o'r arch i fyw eto mewn cynghanedd â Duw a natur o'i gwmpas ar ddaear newydd Duw. Yn yr ecsodus hwn o'r arch, fel yn yr ecsodus o'r Aifft yn nes ymlaen yn hanes y genedl, Duw yw'r rhyddhawr: *Dos allan...* (adn. 16). Unwaith eto, y mae Noa yn ufuddhau i orchymyn Duw.

Y mae von Rad (t. 129) yn crynhoi arwyddocâd diwinyddol hanes Noa. Yma cawn dystiolaeth i rym a rhyddid y Duw sy'n caniatáu dychwelyd i'r *chaos* cyntefig. Y mae'r stori hefyd – ar ddechrau'r dystiolaeth Feiblaidd – yn cyhoeddi barn Duw ar bechod. Rhaid i'r ddynolryw ddygymod â'r farn hon os yw i dderbyn gwyrth iachawdwriaeth. Ond gallwn ychwanegu hefyd mai'r Duw sy'n cosbi a barnu yw'r Duw sydd yn cymryd y cam cyntaf tyngedfennol i achub, i adfer ac i adnewyddu. Duw sy'n cofio. Duw sy'n gorchymyn, *Dos allan...*

8:20 - 9:17 **Aberth Noa a chyfamod Duw**

Wedi iddo ef a'i eiddo gael eu hachub o'r dilyw dinistriol, mae Noa yn cofio'r Duw a'i cofiodd yntau, yn adeiladu *allor i'r Arglwydd* ac offrymu aberth iddo (adn. 20). Ceir ymatebion tebyg mewn storïau cyntefig eraill am ddilyw ac y mae'n ymateb naturiol. Cam cyntaf bywyd Noa, yr un cyfiawn *a rodiodd...gyda*

Duw (8:9), mewn byd sydd unwaith eto'n llawn posibilrwydd newydd, yw gwneud offrwm diolchgarwch ac ymostwng i'r Duw a'i gwaredodd.

Y mae Duw yn ymateb i offrwm aberth Noa, *Ni felltithiaf y ddaear mwyach o achos dyn...* (adn. 21) a hynny ar waethaf y ffaith nad yw'r dilyw wedi bod yn gyfrwng trawsnewid natur y ddynolryw mewn modd sylfaenol. Fel o'r blaen (gw. 6:5), y mae gogwydd meddwl y ddynolryw yn ddrwg o'i hieuenctid (8:21). Ond bellach y mae calon Duw wedi newid, *Ni ddifethaf eto...* Bydd yn dygymod â'r ddynolryw fel y mae, ar waethaf ei thuedd i ddrygioni.

Y mae geiriad y newid calon hwn yn arwyddocaol. Bydd ymrwymiad Duw i'r ddaear yn parhau *tra pery'r ddaear* (adn. 22), yr unig dro y mae'r cymal hwn yn ymddangos yn y Beibl. Yn y traddodiad (Iahwaidd) hwn, felly, y mae addewid Duw i'r greadigaeth gyfan yn parhau tra bydd amser. Bydd y ddaear hon, sydd wedi ei thrawsnewid gan Dduw, yn cael ei chadw, nes i Dduw gyflawni ei amcanion ynddi a thrwyddi. Ond yn ymblethu drwy linell amser a hanes (sy'n ymestyn o'r cychwyn newydd hyd at gyflawni pwrpas Duw yn y diwedd) y mae cylchoedd amser y tymhorau, y rhythmau naturiol sy'n rhoi patrwm i fywyd y ddaear, 'rhythmau y mae'r cread yn anadlu drwyddynt' (Westermann, t. 63). Yma hefyd y mae Duw ar waith, ac o ganlyniad *Ni pheidia...* rhythmau'r tymhorau (adn. 22). Y Duw a greodd, a gosbodd ac a gadwodd, sydd hefyd yn cynnal.

Mae'r newid calon yn arwain at fendith Duw ar yr oes newydd (9:1). Y mae adlais cryf o eiriau naratif y creu yng ngeiriad y fendith hon (gw. 1:26-30), ond y mae gwahaniaethau amlwg hefyd. Bydd *ofn ac arswyd* y ddynolryw ar anifeiliaid, a hynny am iddynt gael eu gosod *dan [eu] awdurdod*. Y mae yma ddechrau newydd ond nid yw'n baradwys mwyach. Yma hefyd ymestynnir 'awdurdod' y ddynolryw gan roi iddi'r hawl i ddefnyddio *popeth byw sy'n symud yn fwyd* (adn. 3) ac nid llysiau yn unig (gw. 1:29 ymlaen). Ai enghraifft yw hyn o addasu'r dehongliad o ewyllys Duw i gwrdd â gofynion diwylliant a ffordd o fyw gwahanol fel bod arfer sydd eisoes wedi ei sefydlu yn cael ei gyfiawnhau'n ddiwinyddol? Ond mae'r ffynhonnell offeriadol (P) yn cymryd gofal i egluro sut mae trin yr anifeiliaid hyn. Ni chaniateir bwyta cig â'r gwaed ynddo, gan mai'r gwaed yw bywyd yr anifail. Mynegiant yw'r gwaharddiad hwn o barch at greaduriaid byw. Ond nid mater o ladd ar gyfer bwyd sydd yma'n unig ond byddai'n cael ei gymwyso i gynnwys lladd cwltaidd ar gyfer aberth Iddewig yng nghwlt y deml. A rhaid i'r un parch – a hynny am yr un rheswm – gael ei ymestyn i gynnwys tywallt gwaed ein gilydd. Y mae tywallt gwaed yn golygu amddifadu person o'i einioes. Dyma un o seiliau'r pumed gorchymyn, 'Na ladd'. Ond y mae'r gwaharddiad hefyd yn tarddu o'r gred fod Duw wedi creu'r ddynolryw 'ar (ei ddelw), yn ôl (ei lun)…' (1:26).

Yng ngweddill yr adran (adn. 8-17) cadarnheir y fendith a'r ymrwymiad mewn cyfamod, y cyfamod â Noa. Y mae cyfamod (*b^{e}rîṯ)* yn sylfaenol i ddiwinyddiaeth yr Hen Destament. Yn ogystal â'r cyfamod hwn â Noa, ceir cyfamod ag Abraham (Gen. 17), ag Israel drwy Moses ar Sinai (Ex. 19 ymlaen) yn ogystal â chyfamod newydd Duw a gyhoeddir drwy'r proffwyd Jeremeia (Jer. 31:31-34). Ystyr sylfaenol y gair 'cyfamod' yw 'cytundeb neu ymrwymiad sy'n creu perthynas', perthynas â Duw yn achos cyfamodau'r Hen Destament, er nad oes cytundeb ymhlith ysgolheigion ar darddiadau'r gair na'r syniad. Cytunir, fodd bynnag, ar rai o'i nodweddion. Y mae'n ymrwymiad ac addewid gan Dduw ac yn arferol y mae'n gofyn am ymateb mewn ufudd-dod ac ymrwymiad. Drwy'r cyfamod crewyd perthynas newydd. Gallai fod yn gyfamod ag unigolyn, fel yn achos Abraham, â'r genedl (fel yn achos cyfamod Sinai) neu â'r ddynolryw a'r holl greadigaeth (fel yma, yn achos Noa). Yn yr achos hwn, fel yn y cyfamodau eraill, Duw sy'n cymryd y cam cyntaf: *Dyma fi'n sefydlu fy nghyfamod…* (adn. 9). Fel yr awgrymwyd uchod, y mae'n gyfamod â Noa, â'r rhai a achubwyd yn yr arch yn ogystal *â phob creadur byw gyda chwi* (adn. 10) ac, felly, â'r cread cyfan. Tanlinellir unwaith eto, felly, y gynghanedd sydd rhwng y ddynolryw a phob peth byw ar wyneb y ddaear. Ymrwymiad Duw drwy'r cyfamod hwn yw na ddaw dinistr dilyw fyth eto (adn. 12, gw. 8:21-22). Y mae hefyd yn gyfamod *tragwyddol* (adn. 16) a di-amod (gan nad yw'n ddibynnol ar ufudd-dod Noa).

Yna ymddengys y bwa neu'r enfys fel *arwydd o'r cyfamod* (adn. 13 ymlaen). Bydd y bwa hwn nid yn unig yn dystiolaeth i'r ddynolryw o gyfamod Duw ond hefyd yn gyfrwng i Dduw gofio'r ymrwymiad. Beth bynnag fydd canlyniadau *gogwydd* y ddynolryw i ddrygioni, bydd Duw'n *edrych* ar y bwa ac yn *cofio* ei gyfamod (adn. 16). Cyfamod gras ydyw, felly, sy'n ymrwymo Duw – o'i ddewis ei hunan – i weithredu mewn trugaredd. Arwydd ydyw o ymrwymiad cadarnhaol Duw i'w gread, 'ie' Duw i bopeth byw. Felly, bellach y mae Duw y dilyw yn Dduw gras a thrugaredd. Y mae wedi gwneud peth newydd yn hanes y greadigaeth, gan ddechrau gyda Noa.

Nodyn ar bennod 10

Yn y bennod hon cawn ymgais i grynhoi datblygiad daearyddol, diwylliannol a gwleidyddol y ddynolryw wedi'r dilyw. Y mae'n debygol mai adlewyrchiad sydd yma o'r wybodaeth am genhedloedd y byd yng nghyfnod Solomon. Trefnir y crynodeb hwn ar sail tri mab Noa, ac fe'i gwelir fel tair ffrwd yn tarddu yn Sem, Cham a Jaffeth. Diweddir pob adran (adn. 5, 20 a 31) gyda'r datganiad: *Dyma feibion Jaffeth/Chem/Sem, yn ôl eu llwythau a'u hieithoedd, ynghyd â'u gwledydd a'u cenhedloedd.* Dyma ymgais gynnar, felly, i esbonio bod yr holl genhedloedd yn perthyn i'r hil ddynol a dyfodd o'r dechreuad newydd wedi'r dilyw, bod llwythau amrywiol wedi eu dwyn at ei gilydd mewn gwledydd unigol ar ddarn arbennig o dir, a bod gan y cenhedloedd hyn, fel unedau gwleidyddol, eu hieithoedd unigryw. Y mae gan genedl ei hunaniaeth ei hunan mewn llwythau, a thir ac iaith. Nid oes unrhyw awgrym yn unman yn y bennod hon nad yw'r patrwm hwn yn hollol gyson â bwriad Duw ar gyfer y ddynolryw wedi'r dilyw. Gallwn gasglu, felly, fod amrywiaeth y ddynolryw yn unol ag ewyllys Duw y Crëwr a'r Achubydd. Gwelir ei hunoliaeth yn y ffaith ei bod yn tarddu yn y posibilrwydd newydd a gynrychiolwyd gan Noa, a hynny hefyd yn unol ag ewyllys yr un Duw sy'n Grëwr.

11:1-9 **Tŵr Babel**

Y mae'r dehongliad hwn o ben. 10 yn codi cwestiwn am ystyr yr hanes am dŵr Babel. Yn draddodiadol fe'i gwelwyd fel ymgais i esbonio fod amrywiaeth ieithyddol y ddynolryw yn ganlyniad barn Duw yn erbyn ei huchelgais hunanganolog i wneud enw iddi ei hun ac i adeiladu tŵr *â'i ben yn y nefoedd* i ddynodi ei grym a'i llwyddiant. Yn ôl y dehongliad hwn, y ddelfryd gyntefig oedd un iaith i'r ddynolryw gyfan; cosb ar hunanoldeb yw amrywiaeth ieithyddol. Sut mae cysoni'r dehongliad hwn â phen. 10, sydd fel petai'n dathlu'r amrywiaeth?

Cyn ceisio ateb y cwestiwn hwn, edrychwn ar brif elfennau'r hanes. Ar un olwg y mae'r hanes yn mynd yn ôl i'r dechrau newydd wedi'r dilyw. Yn naturiol, yn y byd hwnnw *un iaith ac un ymadrodd oedd i'r holl fyd* (11:1). Canlyniad y digwyddiadau a groniclir yn y stori yw fod yr Arglwydd wedi *cymysgu* (gair sydd ag iddo sawr braidd yn negyddol) *iaith yr holl fyd* (adn. 9) *rhag iddynt ddeall ei gilydd yn siarad* (adn. 7).

Calon yr hanes yw fod y bobl yn penderfynu adeiladu *dinas a thŵr* (adn. 4) *ar wastadedd yng ngwlad Sinar a thrigo yno* (adn. 2, cymh. 10:10). Y mae dau bwynt yn cael eu gwneud yma. Yn gyntaf, y mae ganddynt y ddawn i lunio eu deunydd adeiladu eu hunain ac nid oes angen iddynt ddibynu mwyach ar gerrig ac ati yn y tir o'u cwmpas (adn. 3). Y mae hyn yn rhoi rhyddid newydd iddynt ddatblygu ac adeiladu. Yn ail, y maent yn mynd ati i godi *dinasoedd*, a dyma ddechrau gwareiddiad gwahanol i'r un gwledig y clywsom amdano'n bennaf hyd yn hyn. Gwêl yr awdur fod dau berygl yn hyn. Gallai fod yn fodd i hybu uchelgais ac enwogrwydd pwerus (a allai wrthwynebu ewyllys Duw). Ond, ac y mae hyn yr un mor bwysig, byddai hefyd yn fodd i rwystro'r gwasgaru a welir ym mhen.10 fel canlyniad naturiol bwriad Duw.

Felly, *disgynnodd yr Arglwydd i weld* (adn. 5) drosto'i hun. Ffurf anthropomorffaidd yw hwn. Hynny yw, y mae'n defnyddio geiriau a delweddau, a fyddai'n cael eu defnyddio'n arferol am bobl, i ddisgrifio'r hyn y mae Duw yn ei wneud. Pwysleisio a wna'r cymal hwn mai Duw sy'n ymateb i gyflwr y ddynolryw yw Duw, nid Duw pell ond Duw sydd, er ei fod yn dragwyddol ac yn oruwchnaturiol, yn dod yn agos i farnu ac achub a chyflawni ei amcanion (gw. Ex. 3:7 ymlaen am enghraifft arall o hyn). Yna cawn glywed meddyliau Duw, sy'n siarad amdano'i hunan yn adn. 7 yn y lluosog (*Dewch, disgynnwn...'*; gw. 1:26). Y mae'r defnydd o'r lluosog yn nodweddiadol o'r Hebraeg pan yn cyfleu penderfyniad, megis *Dewch, disgynnwn* yn y fan hyn neu *Gwnawn* yn 1:26.

Y mae'n werth nodi prif bwyntiau meddyliau Duw yn adn. 6 a 7. Y mae'n sylwi fod y ddynolryw yn *un bobl* gydag *un iaith*. Y mae'r hyn a wnaethant yn ddechrau rhywbeth na ellir bellach ei rwystro. Penderfyna Duw *gymysgu eu hiaith*. Bwriad hyn yw eu rhwystro rhag *deall ei gilydd*. Y mae'r hanes yn gorffen drwy adrodd fod Duw yn gweithredu ei fwriad, gan eu *gwasgar hwy oddi yno dros wyneb yr holl ddaear* (adn. 8). O ganlyniad, daw'r prosiect uchelgeisiol o adeiladu'r ddinas i ben.

Mae hyn oll yn awgrymu dehongliad o'r stori enwog hon sy'n wahanol i'r un traddodiadol a amlinellir uchod. Yn gyntaf, nid delfryd na bwriad dwyfol yw adn. 1 ond disgrifiad ffeithiol o gyflwr y ddynolryw wedi'r dilyw: *un iaith* ac *un ymadrod*. Yn ail, y mae'n amlwg o ben. 10 nad dyma oedd bwriad Duw ond yn hytrach amrywiaeth gwlad, iaith, llwyth a chenedl (gw. 10:5, 20 a 31). Yn drydydd, amcan y ddynolryw o geisio gwarchod yr unoliaeth cyntefig, yn groes i fwriad Duw, drwy adeiladu dinas sefydlog a chodi tŵr i fod yn arwydd o'i goruchafiaeth, sy'n ennyn barn Duw. Felly, yn bedwerydd, y mae Duw'n gweithredu i sicrhau fod ei fwriad o greu amrywiaeth o ieithoedd a chenhedloedd, sy'n cael ei ddathlu ym mhen. 10, yn cael ei wireddu. Gwelir hyn gan y bobl fel cosb Duw ar eu huchelgais. Ond yr hyn sydd ar waith yma yw nid barn Duw ond gweithgarwch Duw sy'n benderfynol o weithredu ei fwriad ac atal uchelgais a hunan-ddyrchafiad dynol.

Efallai fod cenedl fechan fel Cymru yn medru deall hyn yn well na llawer. Nid undod ieithyddol yw delfryd Duw. Yn hytrach, y mae Duw yn llawenhau mewn amrywiaeth. Amcan Duw yw sicrhau, yn gyntaf, nad yw'r ddynoliaeth yn ildio i hunanoldeb pwerus, ac yn ail, nad yw'r amrywiaeth cyfoethog yn rhwystro'r cenhedloedd i gydnabod arglwyddiaeth yr un Duw a'u creodd ac a'u hachubodd. Nid unffurfiaeth undonog, felly, yw amcan undod ond cymod a chyd-ddeall ar draws ffiniau iaith a chenedl. Undod mewn amrywiaeth yw amcan Duw Babel.

Cytuna ysgolheigion mai ychwanegiad yw adn. 9 sy'n ceisio cysylltu Babilon profiad yr Iddewon a ddychwelodd o'r gaethglud â'r Babel hwn, drwy chwarae ar eiriau: y mae Babilon yn tarddu yn ninas Babel lle *cymysgodd* (*bālal*) Duw iaith y ddynolryw.

Y mae'n naturiol fod esbonwyr Cristnogol wedi cysylltu stori tŵr Babel â hanes y Pentecost. Un o roddion yr Ysbryd Glân yn y Pentecost yw galluogi'r apostolion i gyflwyno'r newyddion da am Iesu ar draws ffiniau ieithoedd a phobloedd. Unwaith eto, fel yn hanes tŵr Babel, nid dileu gwahaniaethau oedd y diben, ond galluogi Cristnogion i *ddeall ei gilydd yn siarad* (11:7) am y newyddion da ar draws ffiniau, a hwythau'n eu clywed bellach 'yn llefaru yn ein hieithoedd ni am fawrion weithredoedd Duw' (Act. 2:11).

Crynhoi'r hanes cyntefig

Y mae Genesis 1-11 yn gyfanwaith. Ni ddylid ynysu unrhyw elfen o'r adran hon (megis y penodau ar y creu) oddi wrth y gweddill. Ymgais a geir yma i gyflwyno'r ffydd i'r Iddewon yng nghyfnod y dinistr a'r gwasgaru yn ystod ac yn dilyn y gaethglud ym Mabilon. Neges y penodau hyn yw mai'r Duw sy'n achub yw'r Duw sy'n creu ac yn cynnal.

Dechreuadau pob peth yw pwnc y penodau hyn. Y mae'r bydysawd cyfan a'r ddynolryw yn ei holl ogoniant a'i hamrywiaeth, ei hanufudd-dod a'i huchelgais, yn tarddu yn Nuw. Yn ei law ef hefyd, yn ei drugaredd, y mae ei thynged.

Yn wyneb yr amcan diwinyddol hwn sydd y tu cefn i'r penodau hyn, y cwestiwn allweddol i'w ofyn wrth geisio'u dehongli yw, 'Ai dyma'r gwirionedd am y bydysawd ac am y ddynolryw?' Y perygl yw ein bod yn gofyn cwestiwn gwahanol – ac o ganlyniad yn camddeall bwriad yr adran hon – sef, 'Ai fel hyn y digwyddodd pethau?' Nid yw cwestiwn gwyddonol fel hyn yn berthnasol. Amcan diwinyddol sydd i'r penodau hyn. Nid gofyn 'sut y digwyddodd pethau?' a wneir ond, yn hytrach, gofyn 'pam y mae pethau fel y maent?'

Uwchlaw'r cyfan y mae'r neges sylfaenol mai Duw yw'r Arglwydd ym mhob peth. Yr Achubydd sy'n Grëwr sy'n 'rheoli bydoedd' ac yn ei law ef y mae dyfodol y ddynolryw.

Dyma pam y mae'r penodau hyn yn sail mor bwysig i weddill llyfr *Genesis*, sy'n adrodd dechreuadau hanes cenedl arbennig a unwyd mewn cyfamod â'r Duw a oedd ar waith yn nechreuadau pob peth. Dyma pam y maent yn dal i fod yn berthnasol a phwerus yn nyddiau cynhyrfus a heriol yr unfed ganrif ar hugain.

RHAN 2: Hanes yr hynafiaid – Abraham

Y mae gweddill *Genesis* yn cyflwyno hanes yr hynafiaid (neu'r patriarchiaid) fel rhai a oedd yn ymateb i ac yn brwydro yn erbyn galwad a gair Duw. Daethant hwy a'r storïau amdanynt yn ffurfiannol yn hanes Israel ac yn nirnadaeth Israel am Dduw. Cymaint, felly, nes i Iddewon ddod i feddwl amdanynt eu hunain fel 'plant i Abraham' ac adnabod eu Duw fel 'Duw Abraham, Duw Isaac a Duw Jacob'. Calon y naratïfau hyn yw addewid Duw, ufudd-dod yr hynafiaid ac effeithiolrwydd yr addewid. Ond y mae ganddynt hefyd agwedd realistig at yr hynafiaid hyn: nid ydynt yn bobl berffaith, gan eu bod hwythau, fel pobl ffydd ar hyd yr oesau, yn amau, yn petruso ac yn anufuddhau. Y mae addewid Duw yn cael ei chyflawni yn a thrwy yr hynafiaid hyn nid am fod ei bobl yn berffaith ond am fod Duw ei hun yn rasol. Fel y gwelwn, cafodd ffydd ac ymddygiad yr hynafiaid hyn ddylanwad enfawr nid yn unig ar ffydd yr eglwys fore ac awduron y Testament Newydd (yn arbennig, yr Apostol Paul) ond ar Iesu ei hun. Yn yr esboniad hwn ni ellir ond cyfeirio, yma ac acw, at y cysylltiadau hyn.

Bu cryn drafod, yn arbennig yn ystod yr ugeinfed ganrif, am wirionedd hanesyddol yr hanesion hyn. A oedd yr hynafiaid hyn yn bobl real, ai dyma a ddigwyddodd iddynt ac ai dyma'r math o fyd yr oeddent yn byw ynddo? Wrth drafod y cwestiwn hwn, y mae Gwilym H. Jones (*Efrydiau Beiblaidd Bangor* 3, 1978, t. 1 ymlaen) yn dyfynnu Max Miller: 'Gallwn gredu bod yn gysylltiedig â hanes y patriarchiaid gnewyllyn hanesyddol a'u bod yn gysylltiedig rywdro â'r math o gymdeithas a'r math o symudiadau oedd yn digwydd yn y Dwyrain...ond nid yw'r defnyddiau yn profi ... na'n dadrofi hyn' (t. 29). Yn ôl Jones, drwy ddadansoddi'r hyn sydd yn yr hanesion eu hunain y down agosaf at y gwirionedd sydd yn y traddodiadau cyfoethog hyn. Ymgais i wneud hyn a geir yn yr adrannau sy'n dilyn.

Bu dadlau hefyd ynglŷn â dyddiad 'oes y patriarchiaid'. Y mae rhai yn ei dyddio yn gynnar iawn, rhywle rhwng yr unfed ganrif ar bymtheg a'r ugeinfed ganrif cyn y cyfnod Cristnogol. Cred eraill fod dyddiad mwy diweddar yn gweddu'n well i'r hyn a gawn yn yr hanesion hyn ac yn awgrymu dyddiad rhywle rhwng y ddegfed a'r bymthegfed ganrif cyn y cyfnod Cristnogol. Y mae'r dadleuon hyn yn seiliedig i raddau ar y gred mai teuluoedd nomadaidd oedd teuluoedd yr hynafiaid, yn symud o le i le gyda'u preiddiau. Ond y mae eraill, yn cynnwys Jones, yn awgrymu y gallai rhai o nodweddion bywyd y patriarchiaid, megis eu henwau, eu heiddo a'u harferion, awgrymu cyfnod mwy diweddar eto. Awgrymant hwy ddyddiad rhywle wedi'r ddegfed ganrif cyn y cyfnod Cristnogol.

Y mae'n anodd dod i farn derfynol ar y cwestiwn hwn. Ond y mae rhai materion yn gymharol eglur. Y mae testun *Genesis* fel y mae gennym yn awr, fel y gwelwyd eisoes, yn debygol o fod yn perthyn i gyfnod y gaethlud (sef, y chweched ganrif cyn y cyfnod Cristnogol), ond y mae'r testun hwn yn debygol o fod yn seiliedig ar ffynonellau ysgrifenedig hŷn ac ar draddodiadau llafar hynach fyth. Y tebygrwydd yw fod golygydd neu olygyddion wedi crynhoi a dehongli'r hen ffynonellau hyn i ddibenion cyfnod newydd. Awgrymir, felly, ddyddiad cynharach yn hytrach na dyddiad mwy diweddar. Gwnaeth Albright ymdrech i gadarnhau hyn drwy ymchwil archaeolegol, ond er fod ei waith wedi taflu goleuni gwerthfawr ar draddodiad yr hynafiaid, nid yw wedi setlo'r mater yn derfynol. Ac ni cheisir gwneud hynny yma!

Yn olaf, beth am grefydd yr hynafiaid hyn? Y mae Westermann (t. 93) yn awgrymu chwe nodwedd sylfaenol. Yn gyntaf, fe'i nodweddwyd gan berthynas glós rhwng personau a'r Duwdod. Y mae'n grefydd bersonol iawn. Y mae'r disgrifiad o Dduw, yn ddiweddarach, fel Duw Abraham, yn adlewyrchu hyn. Yn ail, nid oes a wnelo Duw yr hynafiaid yn bennaf â gwleidyddiaeth na llywodraeth na rhyfeloedd, ond ag unigolion, eu teuluoedd a'u llwythau. Ond yn ddiweddarach, yn hanes Joseff, fel enghraifft, gwelwyd llaw Duw yn llywio hynt a helynt cenhedloedd yn ogystal â thynged unigolion. Yn drydydd, nid yw themâu pechod a chosb yn amlwg iawn yn yr hanesion hyn. Yn bedwerydd, nid oedd cwlt crefyddol wedi datblygu fel yng nghyfnodau diweddarach hanes y genedl, gyda'i mannau cysegredig, ei hamserau addoli arbennig a phobl a oedd yn gyfrifol am weinyddu a chynnal y cwlt. Yn bumed, nid adeilad o waith llaw oedd y cysegr. Yn hytrach, 'roedd mynydd a charreg, coeden a ffynnon, yn cynrychioli'r cysegredig ac yn fannau codi allorau, cyfarfod â Duw a'i addoli. Yn olaf, nid oedd angen unrhyw fath o offeiriadaeth i'w galluogi i ddod i berthynas â'r Duw hwn, gan ei bod yn berthynas uniongyrchol. Wrth inni edrych ar rai o brif storïau hanes yr hynafiaid cawn gipolwg ar rai o'r nodweddion hyn.

11:30 - 12:9 **Galw Abram**

Cynsail allweddol hanes Abram yw fod *Sarai yn ddi-blant, heb eni plentyn* (11:30). Calon addewid Duw i Abram oedd y byddai rhai oedd heb ddisgynyddion, oedd yn arferol yn rhy hen i gael disgynyddion, er hynny, yn cael disgynyddion, yn dod yn *genedl fawr* (12:2) ac yn etifeddu'r wlad (12:7). Duw sy'n addo a chyflawni'r annisgwyl a'r amhosibl yw Duw.

Yr oedd Abram a'i deulu eisoes wedi gadael gwlad eu geni, Ur y Caldeaid, a mynd ar eu taith i Haran *a thrigo yno* (11:31). 'Roedd y daith hon yn mynd â nhw o Ur, sydd ar lan afon Ewffrates, (yng ngwlad Irac heddiw), gan ddilyn yn fras lwybr yr afon tua'r Gogledd-Orllewin, nes dod i Haran (yn Syria heddiw). Y mae'n werth nodi fod Abraham, sy'n cael ei gydnabod fel 'tad' gan Iddewon, Moslemiaid a Christnogion, yn tarddu yn Irac. Yno y bu farw Tera, tad Abram. Y mae galwad Duw ar i Abram fynd ar daith unwaith eto yn golygu gadael gwlad, llwyth a theulu a dilyn arweiniad Duw (12:1). Dyma ddechrau gwirioneddol newydd. Yn sgîl yr alwad a'r her y mae addewid. Y mae nifer o elfennau i'r addewid hon. Bydd Duw yn gwneud Abram – yr hynafiad di-blant – *yn genedl fawr*; bydd yn ei fendithio ac yn mawrygu enw Abram; a bydd Abram *yn fendith* (adn. 2). Gwelir, felly, fod y syniad o fendith yn ganolog i'r addewid hon ac y mae tair agwedd ar fendith Abram: caiff ei fendithio gan Dduw, bydd eraill yn ei fendithio ef a bydd Abram yn gyfrwng bendith i eraill, hyd yn oed i *holl dylwythau'r ddaear*. Ystyr llythrennol y gair 'bendith' neu 'fendithio' (*bārak̲* neu *b^{e}rāk̲āh*) yw ffrwythlonedd neu ffyniant. Y mae'n cynnwys, felly, ddisgynyddion, ffyniant a llwyddiant. Sylwodd esbonwyr hefyd fod yr addewid, sef, y byddai Duw'n mawrygu enw Abram, yn addo iddo ef yr hyn y mae Duw am ei atal yn hanes tŵr Babel (*gwnawn inni enw* [11:4]). Duw yn unig sy'n medru rhoi yr hyn na all ac na ddylai y ddynolryw ei feddiannu drosti ei hun. Sylwer hefyd fod yr addewid i Abram yn fendith nid yn unig iddo ef a'i eiddo ond i *holl dylwythau'r ddaear* yn ogystal. Y mae'r ddynolryw gyfan yn cael ei chwmpasu gan yr addewid hon. Drwy'r cyfan hyn, gwelwn mai Duw sy'n cymryd y cam cyntaf bob tro: *Gwnaf di… bendithiaf di… mawrygaf dy enw… Bendithiaf y rhai sy'n dy fendithio, a melltithiaf…* (adn. 2-3). Rhodd gan Dduw fydd y fendith hon.

Ar sail yr alwad a'r addewid, y mae Abram yn mynd ar ei daith. Ond yn groes, i raddau, i eiriad 12:1, y mae'n dwyn gydag ef Sarai a Lot, a'r holl feddiannau a'r tylwyth a gasglwyd ganddynt yn Haran (adn. 5). Y pwynt, wrth gwrs, yw fod Abram yn gadael ei wreiddiau mewn tir a llwyth ac etifeddiaeth a thrwy hynny yn torri'r cwlwm â'i hynafiaid. Y mae'n troi cefn ar y gorffennol er mwyn wynebu'r dyfodol heriol ac ansicr y mae

Duw'n ei alw iddo (gw. Heb. 11:8-9). Yr ufudd-dod llwyr a digwestiwn hwn yw'r rheswm dros i Abraham gael ei gydnabod ar hyd y canrifoedd wedi hynny fel yr enghraifft ragoraf o'r ffydd sy'n ymddiried yn addewid Duw ac sy'n barod i fentro popeth.

Pen draw siwrnai'r ufudd-dod oedd Canaan, sef, Israel/ Palesteina heddiw. Y mae rhai wedi dadlau ar sail y teithiau hyn (o Ur tua'r Gogledd i Haran, ac o Haran tua'r De i Ganaan) dros roi dyddiad cymharol ddiweddar i Oes yr Hynafiaid, gan fod cyfeiriad y teithiau yn dra gwahanol i'r teithiau nomadaidd arferol yn y canrifoedd blaenorol.

Beth bynnag am hynny, teithiodd Abram nes cyrraedd *safle Sichem, at dderwen More* (adn. 5). 'Roedd Sichem (gerllaw Nablus heddiw) eisoes yn safle cysegredig yng nghrefydd gynhenid Canaan. Y tebygrwydd yw fod *derwen More* (gw. 35:4 a Deut. 11:30) yn un o'r coed cysegredig lle y byddai'r Canaaneaid yn mynd i geisio arweiniad y duwiau. Y mae'n dra arwyddocaol fod un o ddigwyddiadau mwyaf creiddiol hanes yr hynafiaid yn digwydd ar safle oedd, ar y pryd, yn safle Ganaaneaidd. Yno y mae Duw yn annerch Abram ac yn addo i'w ddisgynyddion (ac nid iddo ef, sylwer) *y wlad hon*. Tanlinellir pwysigrwydd y gwrthgyferbyniad rhyfedd hwn drwy nodi – gyda symlrwydd hollol di-ddrama, *Y Canaaneaid oedd yn y wlad y pryd hwnnw* (adn. 6). A dyma Abram yn codi allor i Iahweh ac yn ei addoli a thrwy hynny'n dangos mai tir addewid Duw yw'r tir hwn. Ond nid arhosodd yn y fan hon. Parhaodd i symud *tua'r dwyrain*. Rhwng Bethel ac Ai, cododd allor arall, gan *alw ar enw'r Arglwydd,* hynny yw, addoli Iahweh, cyn parhau ar ei siwrnai tua'r de, i'r Negef, y diriogaeth lle treuliodd Abraham y rhan fwyaf o'i fywyd.

Wrth grynhoi'r hanes creiddiol hwn y mae Brueggemann (t. 123) yn tynnu sylw at bwysigrwydd profiad a delwedd y siwrnai fel ymateb ufudd ffydd i addewid Duw. Ond siwrnai ydyw sy'n dod ag Abraham wyneb yn wyneb â Chanaan, ei chrefydd a'i diwylliant. Nid yw ffydd byth mewn gwagle. Rhaid i Abraham ymgiprys â realaeth pobl o'i gwmpas. Yno y mae'n *galw ar enw'r Arglwydd*, yr Arglwydd oedd wedi addo. Yng Nghanaan yn benodol, dyma ragflas o'r gorchymyn a fyddai'n ffurfiannol i'w genedl, 'Na chymer dduwiau eraill ar wahân i mi' (Ex. 20:3), y ffydd a alwodd W. D. Davies, mewn darlith nas cyhoeddwyd, yn 'ffydd gostus mewn un Duw'.

13:1-18 **Abram a Lot**

Pan ddaeth newyn i'r Negef, aeth Abram i lawr i'r Aifft (12:10 ymlaen). Er mwyn arbed ei fywyd, twyllodd Abram Pharo, brenin yr Aifft, drwy gael Sarai i esgus mai ei chwaer ydoedd a chymerwyd hi i dŷ Pharo i fod yn wraig iddo. O ganlyniad, *bu yntau'n dda wrth Abram er ei mwyn hi* (12:16). Ond, yn naturiol, pan sylweddolodd Pharo fod Abram wedi ei dwyllo, fe'i anfonwyd ymaith. Daethant yn ôl, felly, i'r Negef ac yna i'r man rhwng Bethel ac Ai *lle'r oedd wedi gwneud allor ar y cychwyn* (13:4). Ac ar hyd y siwrnai 'roedd Abram a Lot, eu teuluoedd a'u holl eiddo, wedi teithio gyda'i gilydd. Yn wir, 'roedd y ddau wedi ffynnu cymaint (gw. adn. 2 a 5) nes iddynt yn fuan sylweddoli na allai'r tir o gwmpas Bethel eu cynnal i gyd. (Gyda llaw, dyma awgrym arall, yn ôl rhai, mai nid nomadiaid yn teithio'n gyson oedd Abram a Lot, fel y meddyliwyd yn draddodiadol, ond hynafiaid a oedd yn treulio cyfnodau hir mewn ardal arbennig gyda'u teuluoedd a'u heiddo gan ddisgwyl y byddai cynnyrch y tir a'r anifeiliaid yn eu galluogi i ymsefydlu yno, i ffynnu a bwrw gwreiddiau). Ond yn fuan, profodd y tir yn annigonol i'w cynnal a chododd cweryl rhwng bugeiliaid Abram a bugeiliaid Lot yn sgîl hynny (adn. 6-7).

Y mae'r modd y setlwyd y gynnen yn drawiadol iawn (adn. 8-11). Ta waeth am gweryl y bugeiliaid, nid oedd Abram am gael cweryl â Lot (*oherwydd perthnasau ydym* [ad 8], sylw sy'n tanlinellu pwysigrwydd y cwlwm teuluol yn nhraddodiad yr hynafiaid). Y mae'r darlun a geir yma o'r Abram hael a chymodlon yn wahanol i'r darlun a geir yn 12:10 ymlaen o Abram y twyllwr. Awgryma Abram ffordd ymlaen. Dengys i Lot *yr holl wlad o'th flaen* (adn. 9) a chaiff Lot ddewis i fynd naill ai i'r chwith neu'r dde. Pan mae'n edrych, fe wêl Lot fod *gwastadedd yr Iorddonen i gyd yn ddyfradwy, fel gardd yr Arglwydd*. Dewisodd Lot y tir hwn iddo'i hun a'i deulu ac aeth ar ei daith, gan wahanu oddi wrth Abram. Awgrymodd rhai fod hen arfer cyfreithiol yn cael ei adlewyrchu yma, sef, bod hawl cyfreithiol i berchnogi'r holl dir sydd o fewn golwg. Sylwer hefyd bod y golygydd wedi ychwanegu dau sylw ar Sodom a Gomorra (adn. 10 a 13) ar gyfer darllenwyr y cyfnod wedi'r gaethglud, er mwyn egluro mai ar ôl dyddiau Lot y daeth dinistr i'r dinasoedd drygionus hyn (gw. pen. 18 ac 19). Y mae'r gwrthgyferbyniad, fodd bynnag, rhwng ffrwythlonedd y tir a drygioni'r trigolion yn drawiadol.

Wedi i Abram a Lot ymwahanu, y mae'r Arglwydd yn dangos i Abram yr holl dir o'i gwmpas, ac ailadroddir addewid 12:7, ond y tro hwn y mae'r addewid *i ti ac i'th ddisgynyddion* (ac nid i'w ddisgynyddion yn unig). Bellach y mae Abram yn rhydd yn y tir hwn *i rodio ar hyd a lled y wlad* (adn. 17). Ond penderfynodd *fyw wrth dderw Mamre,* gerllaw Hebron, dinas sy'n dal i fod gyda'r mwyaf cysegredig yn yr Israel/Palesteina cyfoes.

Dyma, felly, ddarlunio Abram, tad y genedl, a fu'n gyfrwys (12:10-20), fel person hael (13:8-9). Y mae'n dewis y ffordd ddi-drais o setlo'r gynnen (agwedd a gofiwyd, yn ôl rhai, yn y cyfnod wedi'r gaethglud, pan ddaethpwyd i ddisgwyl am frenin a fyddai'r teyrnasu mewn tangnefedd). Bellach, hefyd, y mae wedi ei glymu'n ddwfn a sicr wrth y tir a gafodd yn etifeddiaeth gan Dduw. Fel symbol o'r cwlwm hwn â'r tir ac â'i Dduw, y mae'n adeiladu *allor yno i'r Arglwydd* (adn. 18).

14:1-16 **Abram yn arbed Lot**

Y mae 14:1-12 yn ymgais i ddarlunio Abram, tad y genedl, i genedlaethau diweddarach, fel un oedd yn fuddugoliaethus dros frenhinoedd y gwledydd o'i gwmpas ac iddo, o ganlyniad, statws gwleidyddol, pwynt arwyddocaol i Iddewon cyfnod y gwendid gwleidyddol wedi'r gaethglud. Os yw'r bennod flaenorol yn darlunio Abram fel un sy'n ceisio datrys y cweryl rhwng ei fugeiliaid ef a bugeiliaid Lot mewn modd didrais nid felly'r brenhinoedd a ddarlunnir ym mhen. 14 ac nid felly Abram chwaith. Cyfres o ryfeloedd sydd yma yn ymestyn dros nifer o flynyddoedd. Mae anghysonderau yn y rhestrau o frenhinoedd a gwledydd. Yn wir, barn Westermann yw nad yw rhannau o'r adroddiadau hyn 'yn gwneud llawer o synnwyr' (t. 112) ac y mae'n debygol fod yma adroddiadau o wahanol ffynonellau. Y mae'r math ar ddeunydd a geir yma bron yn unigryw yn yr hanes patriarchaidd a barn rhai ysgolheigion yw na ellir cysylltu'r deunydd hwn ag unrhyw un o'r ffynonellau arferol i chwe llyfr cynta'r Hen Destament. Nid yw gofod yn caniatáu mynd i fanylion ynglŷn â'r testun anodd hwn.

Adn. 10 ymlaen sy'n dod â ni at y prif achos dros gynnwys yr adroddiadau hyn. Y mae brenhinoedd Sodom a Gomorra yn ffoi ac wrth iddynt ffoi y maent yn syrthio i'r pyllau pyg (*pitch*) ond y mae'r lleill, sef, Cedorlaomer, Tidal, Amraffel ac Arioch (brenhinoedd ar deyrnasoedd daearyddol cyfyng, mae'n debyg, nad oes cyfeiriad penodol arall atynt yn yr Hen Destament) yn llwyddo i ffoi i'r mynydd a chipio eiddo Sodom a Gomorra. Y maent yn cipio Lot a'i holl eiddo, ac yn mynd ymaith.

A dyma osod y llwyfan ar gyfer arwriaeth Abram. Mae un o'r rhai a lwyddodd i ddianc yn dod at *Abram yr Hebread* (adn. 13). Dyma'r unig enghraifft o'r disgrifiad hwn ohono. Gan amlaf, y mae'r term 'Hebrëwr/Hebrewyr' yn yr hen fyd yn cael ei ddefnyddio nid am berson sy'n perthyn i genedl Israel ond un o dras isel neu o haenau isaf cymdeithas neu rhywun o dramor. Y mae'r disgrifiad hwn, felly, yn rhyfedd mewn adran sy'n cieiso cyflwyno Abram, i genedlaethau i ddod, fel arwr. Daw o hyd i Abram *wrth dderw Mamre* (sydd yma yn berson ac nid yn lle) a oedd *mewn cynghrair ag Abram* . Pan mae Abram yn clywed am argyfwng Lot *ei frawd* (term sydd yma'n cynnwys 'brawd yng nghyfraith' yn ogystal ag aelodau eraill o deulu estynedig) y mae'n mynd ati i'w achub.

Abram y rhyfelwr arfog a gawn yma gyda'i filwyr yn barod. Mae'n werth nodi bod sicrhau 318 o filwyr yn debygol o awgrymu bod ganddo tua 1000 o weision a milwyr yn ei dŷ (hynny yw, yn perthyn i'w weithlu a'i deulu estynedig). Daeth rhai i'r casgliad fod nifer mor fawr â hyn yn annhebygol i deulu o nomadiaid yn crwydro o fan i fan. Mae'n awgrymu'n hytrach batrwm byw llawer mwy sefydlog na hynny. Y mae Abram, yr arwr rhyfel, yn ymlid tua'r Gogledd hyd Dan (adn. 14) a chyda'r nos mae'n danfon minteioedd i daro'r brenhinoedd i'r Gogledd o Ddamascus. Maent yn adfeddiannu'r eiddo, yn achub Lot, ei eiddo, y gwragedd a'r bobl (adn. 16) a hynny, mae'n siwr, yn erbyn lluoedd arfog llawer cryfach nag oedd gan Abram. Dyma'r darlun o Abram y ceisiwyd ei gyflwyno yma: y tywysog arfog yn ennill y dydd dros luoedd cryfach er mwyn achub teulu a'i eiddo. Neges rymus a chalonogol i Iddewon y chweched ganrif cyn y cyfnod Cristnogol a oedd yn byw mewn talaith ddi-nod mewn ymerodraeth fawr ac wedi eu dirymu'n wleidyddol gan y gaethglud. Ond darlun hollol annodweddiadol o'r Abram a bortreadir yng ngweddill yr hanes amdano yw hwn.

14:17-24 **Melchisedec**

Dyma'r unig fanylion a gawn yn yr Hen Destament am Melchisedec (heblaw am gyfeiriad yn Salm 110:4). Gosodir y traddodiad hwn am ei ymwneud ag Abram yng nghyd-destun y rhyfela blaenorol. *Wedi i Abram ddychwelyd o daro Cedarlaomer* daeth un o'r brenhinoedd a orchfygodd yntau, sef, Brenin Sodom, i gyfarfod ag Abram yn nyffryn Safe i geisio rhyw fath ar gyfaddawd ag ef. Ar yr un adeg, daw Brenin Salem hefyd allan i gyfarfod ag Abram.

Mae'n werth nodi rhai o nodweddion Melchisedec. Ystyr ei enw yw 'Mae fy Nuw yn iachawdwriaeth'. Salem, wrth gwrs, yw Jerwsalem. Nid oedd y ddinas wedi ei sefydlu yng nghyfnod Abram ond deuai'r safle a'r tir hwn yn fangre dinas Dafydd (ac wrth gwrs yn ganolbwynt y disgwyliadau diweddarach am y Meseia). Mae Melchisedec yn offeiriad yn ogystal â brenin, enghraifft o'r meddylfryd Hebreig nad yw yn gwahanu, fel y tueddwn ni, rhwng y cysegredig a'r secwlar. Daw y brenin sy'n offeiriad â chynhaliaeth corff i Abram mewn bara a gwin (a rhaid i ni osgoi gweld yma unrhyw gyfeiriad bwriadol at fara a gwin y cymundeb Cristnogol) ond y mae'n gyfrwng hefyd i ddwyn i Abram fendith ei Dduw (adn. 19). Wrth ei fendithio, deisyfu am i Abram fod yn fendigedig gan *y Duw Goruchaf* a bendigo'r Duw Goruchaf, y mae'n cyfuno dwy agwedd ar yr un ymateb: y mae bendithio yn deisyf am fendith gan Dduw ac yn bendithio (hynny yw, yn clodfori) Duw. Adlewyrchu arferion cwltaidd diweddarach y mae hyn yn hytrach na'r arfer crefyddol a welir yng ngweddill yr hanes am yr hynafiaid. Y mae'r disgrifiad o Dduw fel *y Duw Goruchaf, perchen nef a daear* yn nodweddiadol o gwlt crefyddol y cafwyd tystiolaeth ohono yn nhestunau hynafol Ras Shamra. Gwêl golygydd yr adran hon ddigon o debygrwydd rhwng y ffydd hon yn *y Duw Goruchaf* a'r ffydd yn Iahweh. Gymaint felly fel y dywedir am Abram hefyd, *Tyngais i'r Arglwydd Dduw Goruchaf...* (adn. 22). Dyma un o'r ychydig enghreifftiau o gydnabod fod cwlt Canaaneaidd yn adlewyrchu rhywbeth o ffydd deiliaid Iahweh. Mewn ymateb i fendith Melchisedec y mae Abram yn rhoi degfed rhan o'r cwbl (sef, mae'n debyg, yr hyn a adfeddiannwyd ganddo wrth achub Lot) iddo, yr unig frenin o'r holl frenhinoedd y cyfeirir atynt yn y bennod hon y mae'n ei gydnabod a'i anrhydeddu. Gwelwyd y weithred hon yng nghyfnod y deml yn Jerwsalem ('Salem') fel cyfiawnhad dros ddegymu i'r offeiriadaeth.

Cyfaddawd sydd yn yr hanesyn am frenin Sodom, un o'r brenhinoedd a orchfygwyd. Y mae Abram yn gwrthod derbyn dim iddo'i hun, rhag i'r brenin ymffrostio yn hyn, ond y mae'n boddloni i gymryd cyfran y rhai a aeth gydag ef i'r cyrch.

Y mae'r syniad o *urdd Melchisedec* (Salm 110:4) yn seiliedig ar yr hanesyn diweddar hwn am y brenin-offeiriad a fendithiodd dad y genedl ac a gafodd ddegwm gan Abram. Yn yr un modd, y mae'n sail i'r gyffelybiaeth a wêl awdur y Llythyr at yr Hebreaid (Heb. 7) rhwng Iesu a Melchisedec: y mae Iesu, fel Mechisedec, y brenin-offeiriad nad oes sôn am ei achau, 'yn offeiriad am byth' ac y mae'n gyfryngwr (hynny yw, yn offeiriad) rhwng Duw a'r ddynolryw, nid oherwydd ei dras (a oedd yn sail i offeiriadaeth Lefiticaidd y deml) ond oherwydd 'nerth bywyd annistryw' (sy'n tarddu nid ym Melchisedec ond yn atgyfodiad yr 'archoffeiriad tragwyddol', Iesu) ac felly yn medru 'achub hyd yr eithaf y rhai sy'n agosáu at Dduw trwyddo ef'. [Am ddadansoddiad llawnach o gyfeiriadau'r Llythyr at yr Hebreaid at Melchisedec gw, Eryl Wynn Davies, *Epistol y Cymod: Esboniad ar y Llythyr at yr Hebreaid,* Gwasg Pantycelyn, 1989, t. 70 ymlaen.]

15:1-21 **Cyfamod Duw ag Abram**

Y mae dwy brif ran i'r bennod allweddol hon yn hanes Abram. Ystyrir adn. 1-6 fel adran gymharol ddiweddar, pan oedd problemau ffydd yn gwasgu ar Iddewon, tra'i bod yn debygol fod adn. 7-18 yn perthyn i draddodiad hynafol am yr hynafiaid. Ond yma fe'u dygir at ei gilydd gan y sawl a luniodd *Genesis* i fod yn ddarlun cyfoethog o addewid Duw ac ymateb Abram.

Ffurf ddiweddar o'r cyfnod proffwydol (o'r wythfed ganrif cyn y cyfnod Cristnogol ymlaen) yw, *daeth gair yr Arglwydd at...* ac nid yw'n nodweddiadol o'r Pumllyfr. Unwaith eto, Duw sy'n cymryd y cam cyntaf. A'i air cyntaf yw gair o gyfarchiad ac addewid. Mewn cyfnod pan oedd ymyrraeth Duw yn peri arswyd, caiff Abram anogaeth i beidio ag ofni: ofni presenoldeb Duw neu ofni cyflawni addewid Duw neu ofni methiant addewid Duw? Drwy'r cwbwl Duw yw ei *darian.* Dyma fetaffôr o fyd addoliad (er enghraifft, 'Yr Arglwydd yw fy nerth am tarian; ynddo yr ymddiried fy nghalon' [Salm 28:7]). Y mae Duw'n amddiffyn ei bobl. Ac yn eu gwobrwyo hefyd. Gall 'gwobr' olygu tâl am fywyd cyfiawn, ond caiff ei ddefnyddio mewn llenyddiaeth ddiweddarach i olygu rhodd rad Duw. Mewn dau fan yn Eseia dywedir fod Duw yn dod 'a'i wobr yn ei law ac y mae ei dâl ganddo' (Es. 62:11 a 40:10). Y mae Brueggemann yn diffinio'r gair nid fel gwobr a deilyngir ond fel cydnabyddiaeth gan frenin o wasanaeth gwrol a mentrus gwas ffyddlon (t. 141). Y tebygrwydd yw fod Duw yma yn ailadrodd ei addewid flaenorol o ddisgynyddion a thir i Abram.

Ond nid yw cyfarchiad ac addewid Duw yn tycio dim i Abram oherwydd, er iddo dderbyn addewid (gw. pen. 12:1 ymlaen), yr oedd yn dal yn ddi-blant. O ganlyniad, un o'i weision oedd ei etifedd. Y mae'r troednodyn yn yr *Argraffiad Diwygiedig o BCN* yn nodi fod Hebraeg yr adnod hon 'yn ansicr'. Yn wir, yn ôl Westermann 'y mae'n hollol amhosibl ei chyfieithu' (t. 183). Beth bynnag am fanylion y frawddeg, y mae'r ystyr cyffredinol yn ddigon clir. Yr oedd poen a siom Abram am nad oedd ganddo etifedd heblaw am gaethwas (arfer a adlewyrchir mewn traddodiadau cyfreithiol eraill o'r cyfnod) yn codi cwestiwn ffydd: a ydyw Duw'n cadw ei air? Felly y mae Abram yn herio Duw ac y mae dechrau ei brotest gydag *Edrych…* (adn. 3, sydd mewn gwirionedd yn ail-adrodd adn. 2) yn ei grymuso.

Ail-adroddir y cymal proffwydol eto fel arweiniad i ymdriniaeth ddiwinyddol gyfoethog o addewid Duw y Crëwr i Abram (adn. 4-5). Bydd Duw yn cadw'i air: *o'th gnawd dy hun y daw d'etifedd* (adn. 4). Hynny yw, bydd yn etifedd naturiol ac nid yn etifedd drwy gyfraith yn unig. Yn wir, bydd ei ddisgynyddion yn amhosibl eu rhifo, fel sêr y nefoedd. Y mae'r arwydd naturiol hwn, fod yr un a greodd y sêr yn cadw'i air, yn cadarnhau ffydd Abram (adn. 6) a chyfrifodd Duw y credu hwn *yn gyfiawnder iddo*. Mater o berthynas yw'r *cyfiawnder* hwn. Y mae wedi ei osod mewn perthynas iawn â Duw nid am ei fod wedi byw mewn cyfiawnder llwyr ond am ei fod wedi cymryd Duw y cyfamod ar ei air drwy gredu (hynny yw, ymddiried) ynddo. Dyma'r cymal y mae'r Testament Newydd yn ei ddyfynu amlaf o stori Abraham a bu'n sail i'r athrawiaeth ddiwygiedig o gyfiawnhad drwy ffydd, sy'n ddehongliad o ddiwinyddiaeth Paul (gw. yn fwyaf arbennig Rhuf. 4). Gan mai adran lenyddol cymharol ddiweddar yw hon, y mae'n debygol mai dehongliad diweddarach o draddodiad Abraham yw hwn yn hytrach na rhan o'r traddodiad hŷn amdano. Ond, fel y mae Westermann yn pwysleisio (t. 120), y mae hyn yn grymuso'r dyfarniad ar Abraham. Wrth i'r cenedlaethau edrych yn ôl ar ffydd Abraham, tyfasant yn eu sicrwydd mai ei ogoniant oedd iddo, ar waethaf pob tystiolaeth bersonol i'r gwrthwyneb, dderbyn y Duw a greodd y bydysawd ar ei air ac y gallent hwythau, mewn dyddiau bygythiol ac ansicr, wneud hynny hefyd.

Fel y nodwyd eisoes, y mae ail adran y bennod yn debygol o ddod o draddodiad hŷn (sydd efallai yn hŷn na'r tradoddiad sydd y tu cefn i ben. 12:1-9). Ond er bod adn. 7 yn dechrau adran newydd, y mae yma ymgais i glymu adn. 1-6 wrth adn. 7-18 gyda'r gair, *Yna....* Fodd bynnag, y mae dechrau newydd yma, gyda Duw yn cyhoeddi ei hunan i Abram, trwy ddatgan pwy ydyw (*Myfi yw'r Arglwydd*), trwy ei atgoffa mai ef a'i harweiniodd ar ei daith *o'th wlad ... i wlad a ddangosaf i ti* (12:1) a'i fod wedi addo iddo etifeddu'r *wlad hon* (12:7, cymh. 13:15). Yn yr hanesyn hwn hefyd y mae Abram yn cwestiynu addewid Duw (adn. 8, cymh. adn. 2-3). Ond y tro hwn, daw'r ateb nid mewn datganiad diwinyddol (adn. 4-5) ond mewn defod gwltaidd ryfedd sy'n selio'r cyfamod ag Abram. Ceir holl fanylion y ddefod yn adn. 9-11. Holltir yr anifeiliaid a'u gosod gyferbyn â'i gilydd. Mewn cyfeiriad, mae'n siwr, at ddefod debyg awgrymir fod partneriaid y cyfamod yn 'cerdded rhwng y ddwy ran' o'r anifeiliaid (Jer. 34:18), ond y byddent yn cael eu cosbi am fod yn anffyddlon i gyfamod Duw ac y byddai 'eu celanedd yn fwyd i adar y nefoedd ac i anifeiliaid gwyllt' (Jer. 34:20 gw. Gen. 15:11). Ond yn hytrach na dod yn arwydd o ddinistr, y mae'r ddefod a ddisgrifir yn 15:9 ymlaen yn troi'n gyfrwng addewid Duw. Ac yntau o dan *drymgwsg … a thywyllwch dudew* wedi dod arno, mae Duw'n llefaru wrtho ac yn ei sicrhau y bydd ei ddisgynyddion *yn ddieithriaid mewn gwlad nad yw'n eiddo iddynt* (hynny yw, Canaan) am bedwar can mlynedd (adn. 14). Ond yn y diwedd, daw barn ar Ganaan (oherwydd *drygioni'r Amoriaid* [adn. 16]) a daw disgynyddion Abram allan *gyda meddiannau lawer*. Y mae adn.15 yn air o gysur personol i Abram: caiff *farw mewn tangnefedd* (BCN) neu 'cei fynd at dy hynafiaid' (NRSV). Yr awgrym yn y cyd-destun hwn yw ei fod wedi dod i ddiwedd ei einioes gyda'i gwestiynau am addewid Duw iddo wedi eu hateb, hyd yn oed os nad oedd yr addewid wedi ei chyflawni yn ystod ei fywyd.

Credodd llawer fod adn. 13-16 yn ychwanegiad diweddarach at y traddodiad gwreiddiol sy'n ceisio ateb gofid cenedlaethau diweddarach fod Duw wedi gwneud ei addewid i Abram ond na chyflawnwyd yr addewid yn ystod ei fywyd. *Drygioni'r Amoriaid* oedd y rheswm a roddwyd yma dros yr oedi. 'Roedd caethiwed a dioddefaint yr Aifft wedi ei ragweld gan Dduw o'r dechrau. Yn wir, rhaid i bobl y cyfamod ddisgwyl gydag amynedd ym mhob oes am i addewidion Duw gael eu cyflawni. Yn y diwedd, dyma yw craidd ffydd: y mae 'yn sicrwydd o bethau na ellir eu gweld' (Heb. 11:1).

Nid yw'r theoffani (hynny yw, digwyddiad neu brofiad dirgel sy'n datguddio Duw) a ddarlunnir yn adn. 17 yn datgan yn eglur fod Duw yn ymsymud *rhwng y darnau* a thrwy hynny'n selio'i gyfamod. Ond dyna yw'r awgrym. Yn y mwg a'r fflamau y mae Duw'n bresennol. Ac *ar y dydd hwnnw*, felly, y mae'n gwneud cyfamod ag Abram. Cyfamod ydyw sy'n addo tir (*y wlad hon*) i ddisgynyddion Abram. Y mae'r tir yn ymestyn o *afon yr Aifft* ('nant yr Aifft' fyddai'n fwy cywir yn ddaearyddol) yn y De Orllewin i Afon Ewffrates yn y Dwyrain eithafol. Dyma diriogaeth teyrnas Solomon pan oedd ar ei helaethaf (gw. 1 Bren. 4:21 a 24). Y mae'r rhestr o wledydd yn adn. 19-20 yn debygol o fod yn ychwanegiad diweddarach ac yn ymgais i gyfeirio at yr holl bobloedd a oedd yn trigo yng Nghanaan.

Ceir ymdriniaeth wahanol iawn i'w gilydd yn nwy adran y bennod hon. Y mae adn. 1-6 yn ymdriniaeth ddiwinyddol; mae adn. 7-18 yn ddisgrifiad dramatig. Mae'r naill yn ddiweddar; mae'r llall yn gynnar. Ond gyda'i gilydd, cawn yn yr adrannau hyn olwg ar ymdrech Abram i gredu'r addewid ac ar ffyrdd Duw yn galluogi pobl, drwy ddirnadaeth ddiwinyddol a thrwy brofiad ysbrydol, i ddod â hwy i gyfamod ag ef ei hun, a hynny ar sail ffydd yn yr addewid.

16:1-16 **Hagar ac Ismael**

Dyma gynnig posibilrwydd newydd wyneb yn wyneb ag addewid Duw i Abram a methiant Sarai i gael mab. Sarai ei hun sy'n cymryd y cam cyntaf (adn. 2). Mae'n anfon Abram at Hagar, ei morwyn, er mwyn iddi hi ddod yn fam i fab i Abram a thrwy hynny fod yn gyfrwng amgen i gyflawni'r addewid. Nid oedd hyn yn anarferol yn yr hen fyd. Y mae Abram yn ufuddhau. Daw Hagar yn feichiog (adn. 4) ond mae ei beichiogrwydd yn newid ei hagwedd at Sarai. Mae'n edrych i lawr yn fychanus arni. Yn naturiol, y mae Sarai yn ystyried hyn yn anghyfiawnder yn ei herbyn hi, gan mai hi a awgrymodd y cynllun hwn a hynny am resymau digon teilwng (adn. 5).

Mae'n galw ar Iahweh i farnu rhyngddynt. Abram sy'n mynegi barn Duw: *Y mae gennyt awdurdod dros Hagar. Gwna â hi fel y gweli'n dda* (adn. 6). Y mae'n ei thrin yn greulon ac, o ganlyniad, y mae Hagar yn ffoi.

Yn yr anialwch y mae negesydd Iahweh yn dod o hyd iddi gerllaw ffynnon (adn. 7) ac wedi deall ei sefyllfa, y mae'n siarad â hi bedair gwaith gan ddweud wrthi i ddychwelyd at Sarai ac ildio i'w hewyllys (adn. 9), y byddai Duw yn bendithio'i had (adn. 10), y byddai'n geni mab a'i bod i'w alw'n Ismael (adn. 11), ac y byddai fel asyn gwyllt, yn wrthrych ac yn achos gelyniaeth (adn. 12). Y mae Hagar yn enwi'r Duw a lefarodd wrthi: *Ti yw'r Duw sy'n fy ngweld* (adn. 13). Y mae amwysedd mewn perthynas â tharddiad yr enw hwn. Gallai olygu, 'Gwelais Dduw wedi iddo fy ngweld i', hynny yw, yn ei gofid a'i dioddefaint. Awgrym arall yw mai ei ystyr yw: 'Gwelais Dduw a byw ydwyf wedi imi ei weld', hynny yw, ar waethaf y gred draddodiadol na ellid gweld Duw a byw. Yn wyneb hyn, gelwir y ffynnon yn *Lahai-roi*. Nid yw ystyr yr enw hwn yn amlwg ond un awgrym yw: 'Ffynnon yr un byw a'm gwelodd i'.

Ganwyd ei mab, a galwodd Abram ef yn Ismael, sef, *Clywodd Iahweh dy gri* (adn. 15).

Daw nifer o bwyntiau i'r golwg wrth geisio dehongli'r hanesyn hwn. Yn gyntaf, y mae addewid Duw i Abram yn pwyso'n drwm ar Sarai yn ogystal ag Abram. Nid ar chwarae bach y mae ceisio dod i delerau ag addewid oddi wrth Iahweh nad oes modd iddi, i bob golwg, gael ei chyflawni. Gall ffydd fod yn brawf ar amynedd. Yn ail, y mae bob amser yn demtasiwn i weithredu ein hunain i achub y blaen ar Dduw, yn hytrach nag ymddiried yn ei ryddid a'i ras. Yn drydydd, nid yw stori'r cyfamod yn gyflawn heb Hagar ac Ismael, hynny yw, heb ddygymod mewn modd difrifol a sylfaenol, sy'n treiddio i galon ffydd, â'r posibiliadau amgen o Hagar ac Ismael, sy'n ein hatgoffa o'r poen a'r tyndra sydd yng nghalon y cyfamod. Yn bedwerydd, y mae'n arwyddocaol mai yn yr anialwch y daw Hagar wyneb yn wyneb â negesydd Duw. Gall y Duw sydd wedi clywed ein cri ac wedi'n gweld, ein hwynebu yn annisgwyl a diarwybod wrth inni geisio ffoi. Ond, yn bumed, sicrwydd y stori hon yw fod Duw Abram a Sarai yn clywed a gweld amgylchiadau Hagar a'i fod, felly, yn Dduw Hagar hefyd. Yn olaf, nid yw geni Ismael yn fab i Abram drwy Hagar mewn unrhyw fodd yn cyflawni addewid Iahweh. Dim ond mab i Sarai, yr un amhlantadwy, sy'n cyflawni gwyrth amhosibl y cyfamod.

17:1-27 **Enwaediad fel arwydd y cyfamod**

Diwinyddiaeth y ffynhonnell offeiriadol sy'n llywio'r bennod hon. Y mae hyn yn golygu ei bod yn debygol o fod wedi ei llunio yn ei ffurf bresennol yng nghyfnod y Gaethglud (yn y chweched ganrif cyn y cyfnod Cristnogol) pan oedd angen i Iddewon ail-ddarganfod ac ail-fynegi eu hunaniaeth. Yma, felly, cyflwynir o'r persbectif hwn naratif y cyfamod rhwng Duw ac Abram, cyflwynir enwaediad fel arwydd y cyfamod hwn ac ail-adroddir, mewn cyd-destun newydd, addewid Duw am fab i Abram a'i fendith ar Ismael.

Fframwaith y bennod hon yw Duw yn ymddangos i Abram ac yna'n diflannu o'i olwg. Yn ystod ei ymddangosiad y mae'n llefaru wrth Abram bump gwaith (adn. 1, 3, 9, 15 a 19). Y mae pob un o'r pump cyhoeddiad yn gwneud datganiad newydd am Dduw a'i addewid i Abram.

Yn gyntaf, y mae'n datguddio'i enw i Abram: *Fe'm gelwir yn Dduw Hollalluog* (*'ēl šaddai*). Y mae'r 'ffynhonnell' offeiriadol yn defnyddio'r enw 'Iahweh', enw y mae gan amlaf yn ei osgoi, i gyflwyno'r datguddiad 'newydd' i Abram yn adn. 1, am ei fod yn cofnodi traddodiad am addewid i'r hynafiaid. Dim ond yn hanes yr hynafiaid y mae'n ei ddefnyddio a hynny mewn mannau creiddiol (gw., er enghraifft, 28:3, 35:11, 43:14, 48:3). Hyd yn hyn, ni chafwyd esboniad digonol o ystyr yr enw dwyfol a ddatguddir i Abram, sef, *'ēl šaddai*. Gan amlaf, fel yn y fan hon, fe'i cyfieithir *Hollalluog*. Yr hyn sy'n amlwg yw nad yw'n ddatguddiad cyflawn o'r enw dwyfol, nac ychwaith, o natur a chymeriad Duw; ni ddeuai hynny tan iddo gael ei ddatguddio yn ei lawnder yn 'Iahweh', enw sydd, wrth gwrs, eisoes wedi'i ddefnyddio gan ffynonellau eraill *Genesis*.

Y mae'r cyfarchiad cyntaf yma yn cynnwys dau orchymyn hefyd. *Rhodia ger fy mron a bydd berffaith* (adn. 1) sydd, mewn gwirionedd, yn gyfystyr â'i gilydd. Y mae Abram i fyw holl siwrnai ei fywyd (felly, *rhodia*) ym mhresenoldeb Duw, fel bod pob agwedd ar ei fywyd yn dangos ymroddiad a defosiwn i alwad Duw iddo. Cyfanrwydd yr ymroddiad hwn yw'r perffeithrwydd y mae Duw'n ei geisio.

Yn ail, y mae adn. 2-8 yn cyhoeddi'r cyfamod a sefydlodd Duw rhyngddo ac Abram. Dyma ailadrodd addewid a roed eisoes (gw. pen. 15) drwy ffynhonnell arall. Y mae'r pwyslais yn yr adnod hon ar yr addewid am ddisgynyddion ac am ffyniant (*amlhaf di*, adn. 2) ac ymhelaethir arno yn yr adnodau sy'n dilyn. Mae'n werth nodi unwaith eto mai Duw ei hun sy'n sefydlu'r cyfamod a'i fod yn addewid neu'n ymrwymiad moesol neu gyfreithiol rhyngddo ac Abram ar ei ran. Yr unig beth a ofynnir gan Abram yw derbyn goblygiadau'r ymrwymiad hwn.

Arwydd o hyn yw ymateb Abram (*syrthiodd ... ar ei wyneb* adn. 3). Y mae'n syrthio mewn parch a gostyngeiddrwydd gerbron Duw heb lefaru gair. Yn wir, Duw sy'n llefaru drwy amlinellu cynnwys y cyfamod a gyhoeddodd eisoes: *Dyma fy nghyfamod â thi* (adn. 4). Yn gyntaf, ailadroddir yr addewid am amlhau, ond y tro hwn mewn geiriad ychydig yn wahanol: *byddi'n dad i lu o genhedloedd*. Aeth tad y teulu yn dad cenhedloedd (ffaith sy'n rhyfeddol o arwyddocaol ym myd aml-grefyddol ein canrif ni). Arwydd o hyn yw'r newid enw. Daw *Abram* (sef, fy nhad – hynny yw, Duw – sy'n ddyrchafedig) yn *Abraham* (y tro cyntaf a ddefnyddir yr enw hwn yn *Genesis*), enw newydd sy'n chwarae ar y gair *llu* yn yr adnod hon (*hāmôn* yn yr Hebraeg). Y mae'r traddodiad offeiriadol, sy'n lliwio'r bennod hon, yn gweld yn y fan hon (*gwnaf genhedloedd ohonot a daw brenhinoedd allan ohonot* (adn. 6) gyfeiriad nid yn unig at Abraham fel tad llwythau Israel ond fel arwydd y bydd iachawdwriaeth Duw yn ymestyn y tu hwnt i ffiniau Israel i gwmpasu'r holl genhedloedd. Gweledigaeth fyd-eang sydd yma. Bydd hefyd yn gyfamod *tragwyddol* (adn. 7) fydd yn ymestyn ar draws y cenedlaethau. Y traddodiad offeiriadol yn unig sy'n cynnwys yr addewid, *byddaf yn Dduw i ti ac i'th ddisgynyddion ar dy ôl,* adlais o'r cyfamod a sefydlwyd drwy Moses ('Byddaf fi yn Dduw i chwi a chwithau a fyddwch yn bobl i mi') ac, fel y gwelwn yn adn. 9 ymlaen, y mae yn gosod cyfrifoldeb ar Abraham a'i ddisgynyddion: *Cadw di fy nghyfamod, ti a'th ddisgynyddion.....* Gan fod yma gyfeiriad (adn. 8) at ddisgynyddion a gwlad (sef, y lle *yr wyt yn crwydro*), y mae'r cyfamod hwn yn aros, hyd yn oed drwy brofiad y gaethglud, pan gymerwyd 'pobl y cyfamod' oddi ar eu tir.

Yn awr, y mae Duw'n rhoi gorchymyn am arwydd y cyfamod: *Enwaedir (pob gwryw) yng nghnawd eich blaengrwyn* (adn. 11). Bydd hwn yn arwydd ar draws y cenedlaethau o ymrwymiad Abraham a'i ddisgynyddion i'r cyfamod. Nid oedd yr arwydd hwn yn unigryw i Israel a gwelwyd enghreifftiau o'r un ddefod mewn traddodiadau cyntefig eraill, ond deuai enwaediad yn arwydd grymus o hunaniaeth pobl y cyfamod mewn dyddiau pan oedd y gaethglud wedi creu'r fath chwalfa. Dyma osod sail hanesyddol a diwinyddol eglur i'r arfer o enwaedu yng ngorchymyn Duw i Abraham a'i ddisgynyddion. Y mae'n orchymyn holl-gynhwysol gan ei fod i'w gyflawni ar bob gwryw pan oedd yn wyth diwrnod oed, p'un ai ydyw'n aelod o'r teulu neu'n gaethwas (*a brynwyd ag arian* adn. 12-13). Ac y mae canlyniad methiant i ufuddhau i'r gorchymyn hwn yn llym. Y mae *i'w dorri ymaith o blith ei bobl* gan ei fod *wedi torri fy nghyfamod* (adn. 14). Hynny yw, y mae'r arwydd hwn yn rhan o hanfod y cyfamod ac yn gadarnhad angenrheidiol fod person wedi 'cadw' y cyfamod a wnaeth Duw. Dyma pam y mae Westermann (t. 201) yn disgrifio enwaediad fel 'arwydd cyffesiol' (*confessional sign*): y mae'n dynodi aelodaeth ymhlith pobl y cyfamod.

Sarai yw pwnc y drydedd elfen yn y traethiad hwn sy'n

dechrau gyda'r geiriau *Dywedodd Duw...* ac fe'n dygir yn ôl at yr addewid wreiddiol am fab iddi hi. Dyma oedd craidd yr addewid: plentyn i'r amhlantadwy. Bydd yn cael enw newydd: bydd Sarai yn Sara, a hynny heb unrhyw esboniad. Awgrymir gan rai ysgolheigion mai 'tywysoges' yw ystyr y naill a'r llall. Bydd hefyd yn cael ei bendithio ac, mewn adlewyrchiad o'r addewid i Abraham (adn. 6) bydd hithau hefyd *yn fam i genhedloedd a daw brenhinoedd pobloedd ohoni* (adn 16).

Y mae ymateb Abraham i'r cyhoeddiad hwn yn ddiddorol. Y mae'n ymgrymu (adn. 17) ac, felly, yn cydnabod addewid ac ymrwymiad y Duw sy'n Arglwydd. Ond y mae hefyd yn chwerthin ynddo'i hunan. Y mae'n gwneud sbort am addewid mor wirion ac amhosibl i ddau mor oedrannus ag ef a'i wraig. Y mae hyn yn nodweddiadol o ymateb ffydd yn aml: tra'n bod ni'n awyddus i dderbyn Duw ar ei air, y mae'r addewid yn aml yn ymddangos yn chwerthinllyd o amhosibl wyneb yn wyneb ag amgylchiadau. Y mae cwestiwn Abraham yn tanlinellu'r amheuon hyn. A chyn iddo gael ateb gan Dduw y mae'n ceisio awgrymu posibilrwydd gwahanol (adn. 18). Yn hytrach na gweithio gyda'r amhosibl oni fyddai'n well gweithio gyda'r posibl: *O na byddai Ismael fyw ger dy fron!* Hynny yw, beth am i Dduw ei fendithio ef a sicrhau ei ffyniant fel y bydd ef a'i had yn byw ym mhresenoldeb Duw ac yn ymostwng iddo. Na! yw ateb clir Duw i'w awgrym (adn. 19). Ac unwaith eto, ailadroddir yr addewid na all neb ond Sara fod yn gyfrwng iddo. Gwneir un ychwanegiad i enghreifftiau blaenorol (adn. 19), sef, rhoi enw'r mab a enir i Sara, sef, Isaac, ('y mae'n chwerthin' neu 'y mae *El* [Duw] yn chwerthin'). Hwn fydd gwrthrych y cyfamod a addawodd Duw i Abraham. Ond nid yw Duw'n anghofio Ismael (adn. 20). Caiff ef hefyd ei fendithio, bydd yn ffrwythlon a bydd *yn dad i ddeuddeg tywysog a gwnaf ef yn genedl fawr* (gw. y rhestr o ddisgynyddion yn 25:12-18) a bydd ei ddisgynyddion yn ymestyn y tu hwnt i ffiniau Israel (gw. 25:18). Ond nid ynddo ef y cyflawnir y cyfamod.

Y mae'r bennod yn cloi gydag adroddiad (neu, a bod yn fanwl, ddau adroddiad, y naill yn adn. 23-25 a'r llall yn adn. 26-27) am enwaedu holl dŷ Abraham, mewn ufudd-dod i orchymyn Duw. Mae'r manylion yn egluro i hyn ddigwydd yn unol â gofynion gorchymyn Duw. Enwaedwyd Abraham ei hun, pob gwryw a anwyd yn ei dŷ neu a brynwyd ag arian (adn. 23 a 27). Mae hyn yn cynnwys Ismael yn ôl adn. 25, sydd felly'n cael ei gynnwys ymhlith pobl y cyfamod, sef, y rhai sy'n cadw'r cyfamod, er na all fod yn gyfrwng ei gyflawni. Byddai nod y cyfamod, sef, nod y perthyn, arno.

18:1-16 **Addo mab i Abraham wrth dderw Mamre**

Daeth yr hanesyn hwn i amlygrwydd drwy eicon enwog Rublev, yr eiconydd Uniongred Rwsiaidd, sy'n darlunio'r tri gŵr ddaeth i gyfarfod ag Abraham gyda gwin a bara o'u blaen. Dehonglwyd yr eicon fel cynrychiolaeth o'r Drindod gyda bara a chwpan y Cymun ger eu bron. Y mae'n eicon treiddgar a bu'r myfyrio a'r dehongli arno yn fodd i ddyfnhau dealltwriaeth llawer o Gristnogion o ystyr cymdeithas a chymundeb y Drindod. Ni ddylid mewn unrhyw fodd dynnu oddi ar werth ysbrydol yr eicon a'r dehongli. Ond, er mor werthfawr y dehongliad hwn, nid oes a wnelo'r hanesyn ddim yn uniongyrchol ag athrawiaeth y Drindod. Yma y mae'n ofynnol i ni ddehongli'r hanesyn ar ei delerau ei hunan.

Unwaith eto, y mae Iahweh yn ymddangos i Abraham, a hynny wrth dderw Mamre, lle'r oedd wedi ymsefydlu (gw. 13:18, 14:13), gerllaw Hebron. Y mae'r adran hon yn ymddangos fel pe bai'n perthyn i draddodiad hŷn na'r bennod flaenorol ac yn debygol o fod yn tarddu yn y traddodiad Iahwaidd sy'n darlunio naratifau'r hynafiaid gyda bywiogrwydd a dychymyg artistig. Ym mhresenoldeb Iahweh mae Abraham yn gweld tri gŵr yn sefyll o'i flaen (adn. 2), er ei fod o bryd i'w gilydd yn cyfarch un gŵr yn unig (gw. er enghraifft, adn. 3). Pwy oedd y rhain? Tybiodd rhai mai Iahweh oedd un ohonynt neu bod Duw'n bresennol yn y tri ohonynt. Fel y gwelwyd, fe'u dehonglwyd gan rai Cristnogion fel cynrychiolaeth o'r Drindod. Credodd eraill mai anghysondeb sydd yn y testun yn y fan hon, ac na allwn bellach wneud dim mwy na byw gyda'r anghysondeb hwn. Y mae eraill fyth yn honni mai canlyniad dehongliad diweddarach o'r stori yw datganiad adn. 1 a bod y naratif wreiddiol wedi cychwyn gyda geiriau megis, 'Pan oedd Abraham yn eistedd wrth ddrws ei babell... gwelodd dri gŵr...' O leiaf, dyma'n hatgoffa ni unwaith eto y gallwn ddod wyneb yn wyneb â Duw pan fyddwn ym mhresenoldeb personau arbennig o'n cwmpas. (Gw. hanes Jacob yn ymgodymu, 32:22-32, am enghraifft arall o'r amwysedd hwn). Craidd y stori yw fod Abraham wedi dod wyneb yn wyneb â Duw yn a thrwy'r ymweliad annisgwyl hwn.

Ymateb cyntaf Abraham yw rhedeg tuag atynt i'w croesawu ac ymgrymu o'u blaen mewn gweithred a oedd yn dangos ei barch gostyngedig tuag atynt. Y mae'n apelio arnynt aros a pheidio â *mynd heibio* iddo (adn. 3). Yna mae'n eu croesawu gyda defodaeth lletygarwch arferol y cyfnod: dŵr i olchi traed llychlyd wedi'r siwrnai, *gorffwyso dan y goeden* (derwen, y mae'n siwr!) rhag gwres y dydd, a *thamaid o fara* i'w cynnal (adn. 4). Y mae'r amwysedd sydd yn y testun (gw. uchod) yn chwarae yma ar letygarwch Abraham tuag at dri ymwelydd a'i barodrwydd i rodio gerbron Duw (17:1), gan fyw yn ei bresenoldeb.

Y mae cymal olaf ei gyfarchiad yn drawiadol: *...wedyn cewch fynd ymaith; dyna pam yr ydych wedi dod at eich gwas* (adn. 5). Ar eu siwrnai y mae'r tri (a Iahweh hefyd?) ac ni all Abraham eu cadw na'u meddiannu. Cael cipolwg y mae; dirnad, croesawu ac yna gollwng gafael. Yn wir, dyna pam y daethant ato: i roi i Abraham am ysbaid gyfle i gynnig lletygarwch ac i glywed drwyddynt neges Duw.

Wedi haelioni'r cyfarchiad, y mae'r ymateb braidd yn swta: *Gwna fel y dywedaist*. Ond nid yw hyn yn amharu dim ar haelioni

Abraham. Yn wir, y mae'n llawer mwy hael nag oedd wedi awgrymu. Mae Abraham yn gosod pawb ar waith, y gwragedd i bobi a choginio, y dynion i ladd a pharatoi llo. Aros *o dan y goeden* a wna ef tra bod yr ymwelwyr yn gwledda (adn. 8), arfer sy'n parhau hyd heddiw yn llawer o wledydd y dwyrain.

Felly, gyda'r croeso hael wedi ei gyflawni, dyma ddod at galon y digwyddiad hwn, sef neges yr Arglwydd i Abraham, unwaith eto, y byddai Sara yn geni mab iddo ym mhen y flwyddyn. Siarad ag Abraham y maent, *Ble mae dy wraig…?* Ond nid yw hi'n ymddangos gerbron yr ymwelwyr, er ei bod yn clywed y cyfan a hithau *yn gwrando wrth ddrws y babell* (adn. 10). Unwaith eto, ailadroddir amhosibilrwydd anghredadwy yr addewid ac y mae Sara, fel y gwnaeth Abraham ynghynt (gw. 17:17) yn chwerthin. Ac er mwyn pwysleisio mor amhosibl oedd y sefyllfa, y mae'n tanlinellu cyflwr biolegol Sara (*roedd arfer y misglwyf heibio iddi,* adn. 11) a'i bod yn annhebygol y byddai mwyach yn cael *hyfrydwch* (adn. 12), hynny yw, pleser rhywiol. Y cyflwr hwn barodd iddi chwerthin *ynddi ei hun*. Ond ni ellir cuddio chwerthiniad amheuaeth oddi wrth Dduw (adn. 13) a chawn gwestiwn (nodweddiadol iawn o'n cyfnod ninnau) sydd hefyd yn ddatganiad (a glywir yn aml yn Beibl, ac yn arbennig yn yr efengylau, wyneb yn wyneb ag amheuaeth) o allu Duw i oresgyn yr hyn sy'n ymddangos yn amhosibl. Yn bennaf oll, yn y cyd-destun hwn, herio'r gred nad yw gobaith yn bosibl y mae'r Arglwydd. Gwyrth Duw yw gweithredu mewn gobaith yn erbyn anobaith ym mhob sefyllfa. Credu ym mhosibilrwydd y gobaith hwn yw ffydd, cael 'sicrwydd o bethau na ellir eu gweld' (Heb. 11:1). Y mae eraill wedi honni, i'r gwrthwyneb, mai dawn ffydd yw ein galluogi i dderbyn realiti y sefyllfa a chredu, ar waethaf hynny, bod Duw yn dymuno ein lles hyd yn oed pan nad yw pethau'n troi allan o'n plaid. Ond nid dyna'r ergyd yn y fan hon. Gan bod derbyn Duw ar ei air mor anodd i Sara, caiff yr addewid anghredadwy ei hailadrodd (adn. 15). Tybiodd Sara mai chwerthin *ynddi ei hun* a wnaeth, na fyddai neb wedi clywed, ac felly y gallai wadu iddi chwerthin (adn. 14). Ond y mae'r un sydd yn chwilio ac adnabod (Salm 139:1) yn ei herio, *Do, fe chwerddaist* (adn. 15), a byddai'n cael ei hatgoffa o'i chwerthiniad yn enw y mab (Isaac) a fyddai, gyda hyn, yn fodd cyflawni addewid Duw. Felly, am y tro, caiff ei herio i beidio â gwrthod credu gobaith amhosibl addewid Duw.

Mae'r gwŷr yn mynd ar eu siwrnai ac wrth iddynt edrych i lawr tua Sodom, mae Abraham yn mynd gyda hwy i'w hebrwng (adn. 16). A dyma ddechrau siwrnai a fyddai'n dod ag Abraham wyneb yn wyneb â'r Duw sydd yn barnu yn ogystal ag yn addo.

18:16-33 **Abraham yn cael deialog â Duw am Sodom**

Gan fod adn. 16 yn pontio'r ddwy adran hon, y mae'n perthyn i'r ddwy, gan ei bod yn ddiwedd yr adran gyntaf ac yn nodi cychwyn yr ail adran. Y tri negesydd yw'r ddolen sy'n cydio pen. 18 ac 19 yn ei gilydd. Hwy sy'n ymddangos i Abraham (18:2). Yn eu cwmni y daeth Abraham i olwg Sodom (adn. 16). Wedi iddynt ymadael ag ef y dechreuodd Abraham gynnal deialog â Duw (adn. 22). Y ddau angel (19:1, gw. isod) sy'n ymweld â Lot, yn ei amddiffyn (19:11) ac yn ei ddanfon ef a'i deulu ymaith o Sodom rhag iddynt gael eu dinistrio (adn. 12 a 15). Y mae'r amwysedd a nodwyd eisoes yn dal i ddylanwadu ar y testun (gw. y sylwadau ar 18:2).

Clywsom eisoes (13:10, 13) fod *gwŷr Sodom yn ddrygionus, yn pechu'n fawr yn erbyn yr Arglwydd*. Y cwestiwn yn awr yw: sut y dylai Iahweh ymateb? Cawn gipolwg ar feddyliau mewnol Duw wrth iddo ymdrechu i benderfynu a ddylai rannu ei fwriad ag Abraham ai peidio (adn. 17). Byddai rhybuddio Abraham a fyddai, yn unol ag addewid Duw iddo, yn dod yn *genedl fawr a chref* (adn. 18), yn sicrhau y byddai'r cenedlaethau ar ei ôl *yn cadw ffordd yr Arglwydd a gwneud cyfiawnder a barn* (adn. 19) ac felly'n sicrhau dyfodol y cyfamod. Gwelodd rhai esbonwyr arwyddion yn y geiriau hyn (yn fwyaf arbennig y defnydd o *cyfiawnder a barn* i ddisgrifio ymddygiad pobl y cyfamod) mai traddodiad cymharol ddiweddar, o gyfnod y gaethglud (sef, y chweched ganrif cyn y cyfnod Cristnogol), sy'n darllen i mewn i hanes Abraham, tad y genedl, rai o egwyddorion sylfaenol y defosiwn Iddewig diweddarach i'r gyfraith. Ond nid yw'r ychwanegiad hwn yn adn. 19 (os mai ychwanegiad ydyw) yn golygu fod yr hanesyn cyfan yn dod o gyfnod diweddar.

Y mae penbleth Duw mewn perthynas ag Abraham yn yr adnodau hyn yn tarddu ym mherthynas arbennig Duw ag ef. Y gair allweddol yw'r gair a gyfieithir *hysbysaf* (adn. 19, BCN), sef, *y^{e}da'tîw*. Y mae troednodyn y BCN yn nodi mai 'adnabûm' yw ystyr yr Hebraeg. Y mae'r rhan fwyaf o gyfieithiadau Saesneg yn ei drosi â 'fe'i dewisais ef' (heblaw am REB sy'n cynnig y trosiad, *'I have singled him out, so that...'*). Y mae'r amwysedd hwn yn mynd i galon y cyfamod ag Abraham oherwydd y mae agweddau ar yr holl ystyron hyn ynghlwm yn y berthynas arbennig sydd rhwng Duw ac Abraham. Am fod Duw wedi ei adnabod y cafodd Abraham ei ddewis ac oherwydd ei fod wedi ei ddewis i gael perthynas arbennig â Duw y mae cwlwm arbennig rhyngddo a Duw. Y mae bod yn hysbys o feddwl a bwriad Duw yn rhan o'r berthynas glós hon sy'n rhoi arno'r cyfrifoldeb i sicrhau parhad y cyfamod drwy fod ei ddisgynyddion yn *cadw ffordd yr Arglwydd.*

Ond cyn cyflawni ei fwriad, unwaith eto y mae Duw yn disgyn i weld yr hyn sy'n digwydd drosto'i hun (gw. y sylwadau ar 11:5 a 7) a oedd y gŵyn yn eu herbyn yn deg ai peidio (adn. 21).

Yna y mae cyfeiriad y stori'n newid. Mae'r gwŷr yn gadael am Sodom (adn. 22) ac Abraham *yn dal i sefyll gerbron yr Arglwydd*. A dyma godi eto berthynas y gwŷr hyn â Iahweh. Awgrym rhai esbonwyr yw fod dau ohonynt yn gadael (gw. 19:1, ond yma fe'u gelwir yn d*dau angel*, sef, negesydd) ac un (sef, Iahweh) yn aros i gynnal ymgom ag Abraham a oedd *yn dal i sefyll* o'i flaen. Posibilrwydd arall, mwy tebygol, yw fod negeswyr Iahweh yn mynd ar eu taith i Sodom, i bob golwg (gw. pen. 19) i gyflawni bwriadau Duw, tra bod Abraham yn parhau ym mhresenoldeb Duw ac yn cynnal deialog ag ef am gyfiawnder Iahweh mewn hanes. Credodd rhai esbonwyr mai ymbilio ar ran Sodom a wna Abraham, gan geisio cael Duw i newid ei feddwl a'i fwriad. Dyma awgrym pennawd y BCN (*Abraham yn erfyn dros Sodom*). Y mae eraill yn awgrymu mai ymdrech ddiwinyddol, ar ffurf deialog, sydd yma i ddeall goblygiadau gweithredu cyfiawnder Duw yn hanes y byd. Efallai mai nid ymbil sydd yma ond dadlau diwinyddol rhwng Abraham a Duw sy'n gorfodi casgliadau diwinyddol newydd. Y cwestiwn canolog yw: sut y gellir cyfiawnhau gweithredu barn yn erbyn drygioni os yw'r diniwed yn cael eu dinistrio yn ogystal â'r euog (adn. 23)? Nid yw'r cwestiwn hwn yn amau fod barn yn briodol ond oni ddylai gael ei dargedu yn unig ar y rhai sy'n ei deilyngu? Dyma yw ystyr y datganiad enwog: *Oni wna Barnwr yr holl ddaear farn?* (adn. 25). Onid yw'n rhaid i farn Barnwr yr holl ddaear fod yn gyfiawn a theg? Ac y mae geiriau Abraham yn heriol a llym: *Na ato Duw!* Byddai gweithredu mewn unrhyw ffordd wahanol yn halogi enw a chymeriad y Duw sanctaidd a chyfiawn (gw. Esec. 20:9: 'gweithredais er mwyn fy enw rhag ei halogi…'). Y mae'r stori'n pwysleisio hefyd bod Abraham yn sylweddoli ei fod ef ei hun yn feiddgar ac yn holi cwestiwn herfeiddiol: *Dyma fi wedi beiddio llefaru wrth yr Arglwydd a minnau'n ddim ond llwch a lludw* (adn. 27). Deialog rhwng yr anghyfartal yw hwn.

Er mwyn ceisio dod o hyd i ateb i'r cwestiwn dirdynnol, y mae Abraham yn gosod posibiliadau heriol gerbron Duw, gan ddal i gydnabod ei feiddgarwch. A ellir cyfiawnhau dinistrio Sodom os oes *hanner cant o rai cyfiawn* ynddi (adn. 24)? Y mae ateb Duw yn glir: *Os (felly) arbedaf yr holl le er eu mwyn*. Wedi derbyn yr ateb hwn, y mae'r deialog diwinyddol yn hogi'r cwestiwn fwy a mwy: beth os ceir 45, neu 40, neu 30, neu 20, neu 10? Yr un yw'r ateb bob tro: ni chaiff y ddinas ei dinistrio.

Hynny yw, ymddengys o'r deialog hwn fod gwerth yr

unigolyn cyfiawn yn pwyso'n drwm ar Iahweh wyneb yn wyneb â drygioni'r ddinas a'r dinistr y mae'n ei deilyngu. Y mae awydd ac ewyllys Duw i achub yn drech na'i awydd a'i ewyllys i weithredu barn yn erbyn cyfiawnder. von Rad (t. 214) sy'n tynnu sylw at eiriau Hosea:

> 'Pa fodd y'th roddaf i fyny, Effraim,
> a'th roi ymaith, Israel?
> Pa fodd y'th wnaf fel Adma (*Sodom*),
> a'th osod fel Seboim (*Gomorra*)?
> ...Newidiodd fy meddwl ynof;
> enynnodd fy nhosturi hefyd.
> Ni chyflawnaf angerdd fy llid...
> canys Duw wyf fi...
> y Sanct yn dy ganol;
> ac ni ddof i ddinistrio'
>
> *Hosea 11:8-9*

Y mae'r cwestiwn, ac ateb *Genesis*, yn adlewyrchu cyfnod diweddarach yn hanes y genedl pan oedd dealltwriaeth Israel o gyfiawnder Duw yn cael ei drawsnewid o'r un torfol a chymunedol traddodiadol i'r unigolyddol, yn y cyfnod wedi'r gaethglud. Ar un ystyr, cwestiwn tebyg oedd y tu ôl i Lyfr Job, sef, dioddefaint y gŵr cyfiawn. Yn y diwedd, cwestiwn ffydd sydd yn sylfaenol yn y deialog hwn ac y mae'n gwestiwn cyfoes iawn: beth yw ystyr credu yng nghyfiawnder Duw lle ceir rhai o hyd sy'n *gwneud cyfiawnder a barn* mewn byd drygionus ac anghyfiawn? Y mae Brueggemann yn gosod y cwestiwn mewn geiriau trawiadol iawn (t. 168): 'A oes newyddion da i Sodom?' Dyma'r cwestiwn oedd yn gofidio Abraham.

Mae'n werth sylwi hefyd ar y darlun o Abraham gerbron Duw sy'n dod yn amlwg drwy'r hanesyn hwn. Y mae Duw ei hun yn ymdrechu i wneud cyfiawnder â'i berthynas arbennig ag Abraham (adn. 17 ymlaen). Y mae Abraham, yr un oedd wedi ei ddewis gan Iahweh, *yn sefyll gerbron yr Arglwydd* (adn. 22) a hynny i bob golwg mewn gostyngeiddrwydd. Ond y mae rhai'n awgrymu fod testun hŷn y tu ôl i'r geiriau hyn, sef, 'safodd Duw gerbron Abraham'. Hynny yw, tra'i bod yn briodol i Abraham fod yn ostyngedig gerbron Duw, y mae Duw ei hun yn gweld yn Abraham, yr un a adnabu ac a ddewisodd, un sydd yn ei wthio i feddwl a gweithredu'n wahanol drwy weithredu cyfiawnder gyda thosturi. Ond nid yw Abraham yn haerllug mewn unrhyw fodd wrth iddo dreiddio'n ddyfnach i gwestiwn ffydd. Y mae tinc o ymddiheuriad yn ei lais bob tro: *Peidied yr Arglwydd â digio wrthyf...* (adn. 32, gw. hefyd adn. 27, 30 a 31). Nid oes amheuaeth nad yw'r stori ryfeddol hon yn cadarnhau safle greiddiol Abraham fel tad y genedl a hynny'n fwyaf arbennig fel un sy'n ddarlun o fenter ac ymdrech ffydd yn Iahweh.

19:1-29 **Pechod Sodom**

Gan amlaf, dëellir y cyfeiriad at *y ddau angel* ar ddechrau'r naratif hwn fel cyfeiriad yn ôl at y gwŷr a ymddangosodd i Abraham (18:2, 16 a 22). Yn adn. 15, ceir cyfeiriad eto at *angylion*. Os mai'r un rhai a olygir, pam y maent yn cael eu disgrifio'n wahanol, a pham y mae'r stori yn dychwelyd at y term gwreiddiol mewn mannau eraill (e.e. 5, 8, 10 a 12)? Os mai angylion oeddent (hynny yw, negeswyr Duw sy'n parhau gyda'u gorchwyl dwyfol mewn perthynas â Sodom) y maent yn ymddangos fel gwŷr cyffredin. Un esboniad posibl yw fod mwy nag un ffynhonnell wedi eu cyfuno i lunio'r fersiwn hwn o'r stori.

Y mae Lot yr un mor groesawgar iddynt ag Abraham (18:2). Ar y cyntaf, y maent yn gwrthod ei wahoddiad i aros, gan ddewis yn hytrach i aros *yn yr heol* (adn. 2), arwydd fod yr olygfa hon wedi ei lleoli mewn tref. Yn y diwedd, mae taerindeb Lot yn eu perswadio i aros a chânt wledd yn ei dŷ. Ond cyn iddynt fynd i orffwys am y nos, mae'r newyddion am eu dyfod wedi mynd ar led ac y mae dynion *o bob cwr o'r ddinas, yn hen ac ifanc* yn amgylchynu'r tŷ (adn. 4). Maent am i Lot ddod â'r gwŷr allan *inni gael cyfathrach â hwynt* (adn. 5). Gwelwyd yr ymosodiad a'r dymuniad hwn gan esbonwyr fel cynrychiolaeth o'r pechod a'r drygioni yr oedd yn rhaid ei gosbi ac a arweiniodd at ddinistr Sodom. Y farn draddodiadol yw mai gwrywgydiaeth (neu gyfunrywiaeth) a olygir. Dyma darddiad yr ymadrodd Saesneg *sodomy*. Y gair allweddol yw *cyfathrach* (BCN). Y gair Hebraeg yw *yad'a*. Caiff y dehongliad yn BCN ei ategu mewn stori debyg yn Barn. 19:22-25 (sy'n defnyddio'r un gair), lle disgrifir y cyfathrach fel anlladrwydd (*'depravity'*). Y mae'r REB yn cytuno ac yn defnyddio *'intercourse'*, tra bod yr NRSV yn defnyddio *'know'*, fel y gwna yr hen Feibl Cymraeg ('adnabyddom'), gair sydd iddo ystyr rhywiol. Barnodd rhai mai achos o *'gang rape'* cyfunrywiol sydd yma gan mai torf o ddynion o bob cwr o'r ddinas sy'n cael ei disgrifio. Gwneir y dasg o ddehongli yn fwy anodd pan edrychir ar gyfeiriadau eraill at bechod Sodom. Er enghraifft, yn Es. 1:10-17 y mae'r cyfeiriad at fynnu cyflawni defodaeth grefyddol, gan gynnwys aberthau, offrymau diddwedd a dathlu gwyliau, tra bod ei gweithredoedd yn ddrwg. Galwad Eseia yw ar iddynt, felly, geisio barn, achub cam y gorthrymedig, amddiffyn yr amddifad a chymryd plaid y weddw. Nid oes yma sôn am gyfunrywiaeth. Y mae cyfeiriad tebyg yn Jer. 23:14 lle rhestrir nifer o 'bechodau' sy'n cynnwys bod yn 'anweddus' a 'godinebu' ond nid oes sôn yma chwaith am gyfunrywiaeth. Y mae'n anodd, ar sail y dystiolaeth Feiblaidd, felly, i ddod i gasgliad clir am ddrygioni Sodom. Y tebygrwydd yw fod pechodau rhywiol, yn cynnwys cyfunrywiaeth anweddus a godineb, yn rhan o batrwm bywyd yn Sodom sy'n ddrygionus mewn amrywiol ffyrdd.

Ond y mae Lot yn gwrthod eu cais, yn mynd allan atynt ac yn cynnig ei ddwy ferch iddynt gan ddweud, *Cewch wneud iddynt hwy fel y dymunwch...* (adn. 8). Ni allwn ni ddeall ymateb o'r fath ac ni allwn ddychmygu'n hunain yn ymddwyn fel hyn. I Lot, nid oedd dim oll yn bwysicach nag anrhydeddu gwŷr oedd yn westeion *dan gysgod fy nghronglwyd*. 'Roedd yn fodlon rhoi ei ferched i'w defnyddio ganddynt os byddai hynny'n sicrhau diogelwch ei westeion. Ni dderbyniwyd y cynnig ac y mae'r dorf yn mynd yn gynddeiriog tuag ato am iddo wrthod eu cais gwreiddiol (adn. 9). Yn awr, y maent yn dechrau ymosod arno ac y mae mewn perygl. Y gwŷr oedd yn westeion iddo sy'n ei amddiffyn a'i achub, drwy daro'r dynion wrth y drws yn ddall (adn. 11).

Mae hyn oll wedi cadarnhau bwriad y gwŷr i gyflawni amcan Duw i ddinistrio'r ddinas ond sylwer ar yr amwysedd mewn perthynas â Duw a'r gwŷr hyn sydd yn adn. 13 (*anfonodd yr Arglwydd **ni** i ddinistrio'r lle hwn*) ac adn. 14 (***y mae'r Arglwydd** ar fin dinistrio'r ddinas*). Ond cyn i hynny ddigwydd y maent yn achub Lot a'i deulu (adn. 13) er bod ei deulu yn credu mai *cellwair* yr oedd Lot pan rybuddiodd hwynt am fwriad Duw (adn. 14). Arhosodd *yr angylion* tan *doriad gwawr* cyn dechreu gweithredu i achub Lot a'i deulu, y rhai cyfiawn·nad oedd yn teilyngu cosb Duw (gw. stori Noa ac 18:22 ymlaen). Unwaith eto, daw'r berthynas rhwng Duw a'r gwŷr i'r wyneb, gan fod yr argraff yn cael ei rhoi yn awr mai gweithredu ar ran Duw y maent (adn. 16). Ond y mae Lot yn dadlau ac yn pledio â'r gwŷr am iddo gael mynd i ddinas fechan gerllaw yn hytrach nag i'r mynydd yn unol â'u gorchymyn hwy (adn. 19-20). Rhoddir yr argraff fod Lot yn amharod i adael dinas ei gartref newydd ac yn teimlo y byddai'r ddinas fechan gerllaw yn fwy diogel na'r mynydd. Caiff ei ddymuniad ac y mae un o'r gwŷr yn addo peidio â dinistrio'r ddinas fechan hon (adn. 21), dinas a gaiff yr enw *Soar* (bach) o ganlyniad. Pwy bynnag yw'r gwŷr/angylion hyn, y mae ganddynt hawl i wneud penderfyniadau eu hunain mewn perthynas â'r dinistr y maent i'w gyflawni yn enw Iahweh (*O'r gorau, caniatâf y dymuniad hwn hefyd*). A ydyw'r storïwr yn ceisio awgrymu drwy hyn mai Duw sydd ar waith ei hunan yn y gwŷr hyn?

Gyda'r wawr (adn. 23) y mae'r dinistr yn dechrau. Disgrifir y dinistr mewn termau nodweddiadol o ddigwyddiadau cataclismig barn Duw yn yr hen fyd (*brwmstan a thân dwyfol* adn. 24). Dinistrir pob un a phob peth yn Sodom ac yn y gwastadedd o amgylch. Ond wrth i'r dinistr ddigwydd mae gwraig Lot yn edrych yn ôl, mewn anufudd-dod i orchymyn un o'r gwŷr, *paid ag edrych yn ôl* (adn. 17), ac yn cael ei throi'n *golofn halen* (adn. 26). Y mae colofnau halen yn ffenomenâu naturiol cyffredin iawn yng nghyffiniau'r Môr Marw/Môr Heli, ond p'un ai a ddigwyddodd hyn i wraig Lot ai peidio, y mae'r neges yn ddigon eglur: os yw Duw'n gorchymyn, y mae achubiaeth yn dibynnu ar ufudd-dod.

Yna, daw Abraham *yn y bore bach* i'r fan lle'r edrychodd ar wastadedd Sodom wrth hebrwng y tri gŵr ar eu ffordd ar gychwyn y naratif hwn am ddinistr Sodom (18:16). Dyma ddwyn Abraham a Lot, fel petai, yn ôl i ganol y darlun yn y diwedd. Ni wêl Abraham ddim ond dinistr ac felly i bob golwg anobaith. Ond wrth ddinistrio'r gwastadedd a'r dinasoedd y mae Duw yn cofio (gw. 8:1) Abraham a Lot, y ddau a fu'n ffyddlon iddo, gan rodio'n gyfiawn ger ei fron, ac yn gweld ynddynt hwy o hyd had ei addewid i achub y cyfiawn yn ogystal ag i ddinistrio'r drygionus. Y mae hadau gobaith yn y dinistr mwyaf llwyr, oherwydd *yr oedd [Duw] wedi cofio am Abraham*.

21:1-21 **Mab Sara a mab Hagar, yr Eifftes**

Nid yw Duw wedi gorffen ag Abraham eto. Er hynny, y mae yma ddechrau newydd mewn mab i Sara. Wedi holl ddrama'r addewid am fab i Abraham drwy Sara, a'u poen a'u hamheuaeth, dirdynnol ar brydiau, wrth iddynt geisio credu addewid amhosibl Iahweh, mae'r disgrifiad o'r beichiogi a'r geni, pan ddaw, yn gyfan gwbl heb ddrama: *ymwelodd yr Arglwydd* (adn. 1), *beichiogodd Sara* a ganwyd *mab i Abraham yn ei henaint* (adn. 2). Brueggemann sy'n sylwi (t. 180) y gallem yn rhwydd fethu gweld y pwynt! Ac eto dyma galon yr holl ddigwyddiadau. Dyma gyflawni holl addewidion Duw. Dyma'r wyrth a fyddai'n cyflawni addewid Duw a'i gyfamod ag Abraham. Drwy'r mab hwn y byddai Abraham *yn genedl fawr* (12:2). Fe ddigwydd y cyfan hyn oherwydd *ymwelodd yr Arglwydd â Sara* (adn. 1). Duw sydd ar waith yma yn ôl ei air yn cyflawni'r hyn a addawodd. Ni ddylid anghofio mai'r ymyrraeth ddwyfol a wnaeth y wyrth hon yn bosibl pan oedd posibiliadau dynol wedi darfod. Cawn ein hatgoffa o eiriau Ioan am Iesu, y Gair yn gnawd: dyma blentyn Duw, wedi ei eni 'nid o waed nac o ewyllys cnawd nac o ewyllys gŵr, ond o Dduw' (In. 1:13). Ond yn a thrwy Abraham a Sara y cyflawnwyd yr addewid; ym myd real eu henaint hwy y mae'r amhosibl yn dod yn bosibl.

Y mae Abraham yn ufuddhau i orchymyn Duw ac yn enwi'r mab yn Isaac ac y mae Sara yn adleisio ystyr enw'i mab (*Parodd Duw imi chwerthin*) drwy ei bod hithau bellach *yn chwerthin* mewn llawenydd a phawb a fydd yn clywed *y newyddion da* yn chwerthin gyda hi (adn. 6), er bod von Rad (t. 231) yn awgrymu mai chwerthin pobl sy'n teimlo embaras yw hyn!

Wedi diddyfnu'r bachgen ymhen rhyw dair blynedd wedi'r geni, mae Abraham yn gwneud gwledd fawr (adn. 8). Ond y mae Sara'n gweld *y mab a ddygodd Hagar yr Eifftes i Abraham yn chwarae gyda'i mab, Isaac* (adn. 9). Y mae'n nodedig nad yw Ismael yn cael ei enwi o gwbl yn yr adran hon a phwysleisir ei safle israddol. Y mae Sara'n pledio ag Abraham iddo eu gyrru allan ac er bod Abraham ar y cychwyn yn anfoddog i wneud hynny, wedi cael sicrwydd gan Iahweh y byddai'n cadw'i air mewn perthynas ag Ismael, y mae'n cydsynio â chais Sara. Y mae elfen o dynerwch tadol yng ngofal Abraham drostynt wrth iddynt fynd ar eu siwrnai (adn. 14). Yn niffeithwch Beerseba, a'r adnoddau prin iawn a roddodd Abraham iddynt wedi darfod, mae Hagar yn credu fod Ismael (a oedd erbyn hyn, yn ôl amserlen ffynhonnell offeiriadol *Genesis*, tua 15 oed, er mai nid dyma'r argraff a grëir gan y storïwr hwn) ar fin marw, ac y mae'n ei osod o dan gysgod llwyn (adn. 15). 'Roedd gan y storïwr hwn ddawn i chwarae ar emosiynau ei ddarllenwyr ac y mae agweddau teimladwy iawn yng ngweddill yr hanesyn hwn. Trobwynt yr hanes yw fod Duw *wedi clywed llais y plentyn o'r lle y mae* (adn. 17), yn cymell Hagar i gofleidio'i mab (adn. 18) ac edrych o'i chwmpas er mwyn darganfod yno *bydew dŵr* (adn. 19). A dyma ddechrau bywyd newydd i Hagar ac Ismael, a hynny, yn unol â'r addewid, yng ngofal Duw (*bu Duw gyda'r plentyn*, adn. 20). Y mae Duw ei hun, Hagar ac Abraham yn cydnabod mor werthfawr yw mab y gaethferch. Dim ond Sara sy'n methu gweld llaw Duw ym mywyd 'yr arall' hwn. Ond byddai'n treulio'i fywyd, er hynny, yn y diffeithwch.

22:1-19 **Aberthu Isaac**

Dyma un o storïau enwocaf hanes yr hynafiaid a chafodd argraff ddofn ar hyd y canrifoedd. Y mae'n codi cwestiynau anodd am natur ffydd a gofynion ufudd-dod. Erbyn hyn, yr oedd Abraham wedi byw *am amser hir yng ngwlad y Philistiaid*, yn Beerseba (21:33-34). Ac ymhen blynyddoedd (ac mae'n debygol mai dyma sut y dylid deall *wedi'r pethau hyn* yn 22:1) y mae Duw yn rhoi *prawf ar Abraham*, yr un a brofwyd eisoes pan alwyd arno i adael ei wlad (12:1 ymlaen), ac i gredu yr addewid am ddisgynyddion (17:4). Hwn fyddai'r prawf eithaf: aberthu ei fab, mab yr addewid.

Y mae'r geiriad yn tanlinellu mor anhygoel yw gorchymyn Duw i Abraham (a dylid pwysleisio mai Duw sydd yn temtio Abraham). Yn ôl rhai esbonwyr, y mae adlais yma o bwyslais Deuteronomium ar Dduw yn profi ei bobl ar y daith drwy'r anialwch, er mwyn darganfod a oeddent 'yn bwriadu cadw ei orchmynion ai peidio' (Deut. 8:2). Caiff Abraham ei atgoffa, fel petai angen hynny, mai Isaac yw ei *unig fab* a'i fod *yn annwyl* ganddo (adn. 2), geiriau sy'n cael eu cyfeirio'n bennaf, yn ôl rhai esbonwyr, at y darllenwyr. Fe'i danfonir i *wlad Moreia*. Dim ond un cyfeiriad arall sydd at Moreia yn yr Hen Destament. Fe'i ceir yn 2 Cron. 3:1, sy'n cyfeirio at fynydd y Deml yn Jerwsalem fel 'mynydd Moreia'. Yna daw'r gorchymyn enbyd iddo offrymu ei fab yno yn boethoffrwm. Ceir tystiolaeth aml yn hanes crefyddau'r byd i aberth dynol, ac aberth plant yn arbennig, gan gynnwys ymhlith rhai o gymdogion Israel. Ceir cyfeiriad yn Ex. 34:19 at y cyntafanedig fel eiddo Duw ac felly i'w gyflwyno iddo ond y mae'r adnod nesaf yn gorchymyn cyfnewid offrwm o anifail yn lle'r cyntafanedig. Yn Lef. 18:21 condemnir aberth o'r fath 'i Moloch' gan ei fod yn 'halogi enw dy Dduw'. Yma mae'r gorchymyn i Abraham o arwyddocâd arbennig. Fel y mae von Rad wedi sylwi (t. 239), y mae'r un sydd eisoes wedi gorfod troi ei gefn ar ei orffennol, wrth iddo gael gorchymyn i fynd o'i wlad, yn awr yn cael gorchymyn i droi cefn hefyd ar ei ddyfodol, dyfodol y cafodd y fath ymdrech ddirdynnol i gredu ynddo. Ond y mae Abraham yn ufuddhau'n ddigwestiwn (adn. 3) a chawn ddisgrifiad manwl o'i baratoadau ar gyfer y daith dridiau i fangre'r aberth a welodd *o hirbell* (adn. 4). O hyn allan, rhaid i Abraham ac Isaac yn unig fynd weddill y daith. O hyn allan, dim ond dau actor sydd yn y ddrama hon ac ânt ar eu taith, *ill dau ynghyd* (adn. 6).

Dwyseir poen y digwyddiad drwy i'r storïwr nodi fod Isaac ei hunan yn cario *coed y poethoffrwm* (adn.6). Isaac ei hun sy'n holi'r cwestiwn dirdynnol: *Dyma'r tân a'r coed; ond ble mae oen y poethoffrwm?* (adn. 7). Mae ateb Abraham yn amwys: *Duw ei hun fydd yn darparu…* (adn. 8). Y mae Abraham yn gwybod beth a ofynnir oddi wrtho ond y mae'n cuddio'r gwironedd erchyll oddi wrth Isaac. Ac aiff y daith gytûn yn ei blaen.

Ceir disgrifiad ffeithiol, syml o'r paratoadau ar gyfer yr aberth (adn. 9) ac nid oes unrhyw awgrym am ymateb Isaac i'r hyn y mae'n sicr o fod wedi ei ddeall erbyn hyn, sef, mai ef ei hun yw *oen y poethoffrwm*. Yna daw'r foment dyngedfennol, na phetrusodd Abraham ynglŷn â hi mewn unrhyw fodd, yn ôl y stori: *...estynnodd Abraham ei law, a chymryd y gyllell i ladd ei fab* (adn. 10). Y mae'n barod i ufuddhau, fel y gwnaeth drwy gydol ei oes, i'r gorchymyn eithaf, a fyddai'n ei dorri i ffwrdd oddi wrth obaith gwyrth amhosibl Duw o fab yn ei henaint, a hynny'n unig am mai gorchymyn Duw oedd gorchymyn Duw.

Ond yna, mae'r annisgwyl yn digwydd. Y mae Duw'n llefaru wrtho mewn angel (sef, negesydd) ac yn ei rwystro rhag cyflawni'r weithred eithaf. Y mae dwyster y llais dwyfol yn yr alwad ddwyblyg: *Abraham, Abraham!* (adn. 11). 'Roedd Duw bellach yn gwybod ei fod *yn ofni Duw*. 'Roedd diwinyddiaeth ddiweddarach yn deall y term hwn yn nhermau ymdeimlad o ddirgelwch crefyddol ym mhresenoldeb Duw, y *mysterium tremendum*. Nid dyna'r ystyr yn y fan hon, ond yn hytrach, parodrwydd i ufuddhau'n llwyr a digwestiwn i orchymyn Duw. Llwyddodd Abraham yn y prawf a osodwyd arno gan Dduw. Yr awgrym sydd yma yw nad oedd Duw cyn hyn yn adnabod calon Abraham. Y mae Duw yn dysgu rhywbeth am Abraham drwy'r digwyddiad hwn. Ceir yma, felly, aeddfedu pellach yn y berthynas rhwng Abraham a Duw.

Pan mae Abraham yn edrych o'i gwmpas wedi'r argyfwng, y mae'n gweld hwrdd yn y drysni ac y mae'n ei aberthu *yn boethoffrwm yn lle ei fab* (adn. 13). Felly, y mae Abraham yn ymateb (yr unig ymateb y clywn amdano) drwy gyffesu yn syml, *Yr Arglwydd* (p'un ai mewn mab neu mewn hwrdd) *sy'n darparu* (adn. 14), gan roi'r enw hwn i fangre'r aberth. Ond diflannodd unrhyw gyfeiriad penodol at leoliad y safle cysegredig hwn. Awgrymodd rhai mai ystyr yr enw yw 'Yr Arglwydd sy'n gweld' neu 'Yr Arglwydd sy'n ymddangos', er nad yw'r prif gyfieithiadau cyfredol yn dewis y cyfieithiad hwn. Gellid dadlau mai'r un fyddai'r ystyr: 'Y mae'r Duw sy'n ymddangos ac yn gweld ei bobl yn darparu ar eu cyfer'. Ymdrechion yw'r rhain i gyfieithu'r Hebraeg *rā'āh*. Barth sy'n awgrymu fod y term Lladin yn gymorth yma, sef, *pro-video* (sy'n darddiad, wrth gwrs, y gair Saesneg, *provide*). Ei ystyr yw 'i weld o flaen llaw' neu 'i ragweld' ac y mae Barth yn defnyddio'r testun hwn fel sail Feiblaidd i'w athrawiaeth am ragluniaeth Duw: y mae Duw'n rhagweld ac yn darparu. Byw yng nghwmpas rhagluniaeth Duw, felly, yw byw gan *ofni Duw* (adn. 12); byw, fel y gwnaeth Abraham, yn yr ymwybyddiaeth o sofraniaeth lwyr Duw dros bob peth, a bod yn foddlon i roi i fyny obaith addewid Duw, hyd yn oed, mewn ufudd-dod i'r sofraniaeth honno.

Daw llais yr angel eilwaith at Abraham yn llefaru geiriau Duw (adn. 15 ymlaen). Y mae Duw yn cadarnhau'r addewid i Abraham a hynny ar sail ei ufudd-dod llwyr *heb wrthod rhoi [ei] fab*.

Y mae adn. 19 yn cynnig darlun o Abraham ac Isaac yn dychwelyd at y llanciau a'r asyn, yn mynd ar eu taith yn ôl i Beerseba, ac aros yno, fel petai dim wedi digwydd. Ond, wrth gwrs, bellach yr oedd popeth yn wahanol!

23:1 - 25:11 **Marw Sara, gwraig i Isaac, marw Abraham**

Y mae'r adran helaeth hon, na allwn yma ei hastudio'n fanwl, yn dod â hanes Abraham a Sara, etifeddion a chyfryngau addewid Duw, i'w derfyn ac yn agor pennod newydd yn yr addewid honno am ddisgynyddion drwy sicrhau gwraig i Isaac, mab yr addewid. Y mae'r storïau'n gampweithiau llenyddol ond yn hawdd i'w deall a'u dehongli.

Marwolaeth Sara a'i chladdu (23:1-20)

Calon yr hanes am farwolaeth Sara yw awydd Abraham i sicrhau iddi hithau – ac iddo yntau pan ddeuai'r amser – fedd ymhlith yr Hethiaid oedd yn byw yng Nghanaan. Mae yma gwrteisi gostyngedig sy'n ddarlun o'r parch oedd gan Abraham a'r Hethiaid at ei gilydd. Wedi ychydig fargeinio cwrtais, cytunwyd, a thalodd Abraham am faes Effron gyda'i ogof a'i goed (*y gorau o'n beddau* [23:6]), i fod yn gladdfa. Fe'i lleolwyd yn Machpela, i'r dwyrain o Mamre, sef, Hebron. A bu'r Hethiaid *a phawb oedd yn dod i mewn drwy borth y ddinas* (23:18) yn dystion i'r pryniant. Yno y claddwyd Sara ac yno hefyd *y sicrhawyd gan yr Hethiaid y maes a'r ogof oedd ynddo yn gladdfa i Abraham* (23:20).

Y mae tair elfen o'r stori hon yn ymddangos yn arbennig o arwyddocaol. Yn gyntaf, y mae'n datgelu parch mawr rhwng Abraham a thrigolion Canaan ac y mae'r Hethiaid, o ganlyniad, yn awyddus i gwrdd â'i anghenion. Byddai hanes y berthynas hon yn llawer mwy cythryblus a threisgar yn y canrifoedd a oedd i ddod. Yn ail, y mae gostyngeiddrwydd Abraham a pharch yr Hethiaid tuag ato yn arwain at ddatganiad pwysig am gymeriad yr hynafiad hwn. Un a welai ei hun fel *ymdeithydd a dieithryn* yn eu mysg (23:4) sy'n cael ei gyfarch gan yr Hethiaid fel *tywysog nerthol* (neu, efallai, tywysog Duw) yn eu plith (23:6). Yn drydydd, talodd Abraham bedwar can sicl o arian am y maes hwn. Felly, ef oedd ei berchennog, perchennog ar ddarn o dir yng Nghanaan, gwlad yr addewid ('y wlad hon', 12:7), nad oedd eto yn eiddo iddo ef na'i ddisgynyddion. Felly, fel yr awgryma von Rad (t. 250) dyma osod ym mherchnogaeth Abraham (ac, wrth gwrs, ei ddisgynyddion) ddarn o'r tir hwn nad oedd mwy ym meddiant yr Hethiaid, ac a fyddai ar hyd y canrifoedd terfysglyd i ddod yn symbol o'r addewid ac yn orffwysfa nid yn unig i Sara ac Abraham ond hefyd i Isaac, Rebeca, Lea a Jacob. Deil hyd heddiw i fod yn symbol grymus nid yn unig i Iddewon, ond hefyd i bawb sy'n blant i Abraham, o addewid a ffyddlondeb Duw.

Cael gwraig i Isaac (24:1-67)

Dyma'r stori hiraf yn holl hanes yr hynafiaid. Adroddir am y gwas hynaf yn nhŷ Abraham yn cael ei ddanfon yn ôl i'r wlad a adawodd Abraham, ar orchymyn Duw, i geisio gwraig i Isaac o blith ei dylwyth yn hytrach nag o blith y Canaaneaid. 'Roedd hyn yn hollol angenrheidiol, ym meddwl Abraham, os oedd

Isaac i fod yn gyfrwng cyflawni addewid Duw i Abraham. Ceir adroddiad llawn am y digwyddiad wrth y ffynnon a arweiniodd at wahodd Rebeca i fod yn wraig i Isaac. Yna ail-adroddir yr hanes wrth i'r gwas ofyn i Laban, ei thad, am ei ganiatâd. Cymerodd Isaac Rebeca yn wraig iddo, fe'i *carodd a daeth yn gysur iddo ar ôl marw ei fam* (neu, ei dad, yn ôl rhai llawysgrifau). Dyma ddau gydymaith cariad yn dod yn gychwyn cyflawni yr addewid i Abraham. Yng ngeiriau Westermann (t. 174), 'Os oedd hanes Abraham i gael dechreuad, 'roedd angen nid yn unig am i fab gael ei eni, ond i gariad rhwng dau berson flodeuo.'

Y mae Brueggemann (t. 199) yn nodi pedair thema wrth ddehongli'r hanes hwn. Yn gyntaf, cawn ein hatgoffa unwaith eto fod Abraham *wedi ei fendithio gan Dduw ym mhob dim* (adn. 1). Yn ail, ac yn gysylltiedig â hyn, y mae Abraham wedi ffynnu ac y mae hyn yn arwydd o ragluniaeth a darpariaeth Duw. Yn drydydd, y mae yma dystiolaeth (adn. 12, 14 a 27) i garedigrwydd (*ḥesed*) Duw a'i ffyddlondeb (*'^{e}met*), nodweddion o berthynas Duw â'i bobl sy'n greiddiol i'r Hen Destament. Yn olaf, y mae'r cyfan hyn yn digwydd o dan arweiniad (*nāḥāh*) Duw (adn. 27 a 48), term a ddefnyddir yma'n unig yn *Genesis*.

Marw a chladdu Abraham (25:1-11)

Cyn croniclo marwolaeth Abraham cawn y cyfeiriad cyntaf at y ffaith iddo gymryd gwraig arall o'r enw Cetura. Ni chlywyd sôn am hyn o'r blaen ac ni chlywir sôn am Cetura ond yn y fan hon. Wedi'r holl sôn am Hagar ac Ismael, y mae, a dweud y lleiaf, yn annisgwyl clywed am Cetura. Yr oedd yn arfer cyffredin yng nghyfnod Abraham i ddyn gael mwy nag un wraig, ond byddai'r deg gorchymyn yn gwahardd hyn (Ex. 20:17). 'Roedd Calfin yn feirniadol iawn o Abraham am iddo wneud hyn ond 'roedd Luther yn fodlon derbyn ei ymddygiad am mai unig awydd Abraham ddefosiynol, yn ei dyb ef, oedd sicrhau etifedd! Dau bwynt sydd angen eu nodi, sef, yn gyntaf, mai Isaac a etifeddodd ei eiddo (adn. 5) a thrwy hynny, addewid Duw, ac, yn ail, ei fod wedi danfon ei feibion eraill *ymaith oddi wrth ei fab Isaac*, er mwyn ei ddiogelwch ef a'r etifeddiaeth, mae'n siwr.

Y mae marwolaeth Abraham yn cael ei groniclo ar batrwm arferol adroddiadau o'r fath. Rhoddir ei oedran a nodir iddo farw *wedi oes hir, yn hen ac oedrannus* (adn. 8) ac fe'i claddwyd *gyda'i dylwyth*. Y mae'n ddiddorol sylwi, yn wyneb yr hanesion a adroddir ynghynt yn *Genesis*, y nodir yn benodol iddo gael ei gladdu gan ei ddau fab, Ismael yn ogystal ag Isaac. Er mai Isaac yw etifedd yr addewid nid anghofir am y mab yr addawodd Duw fod gydag ef a'i wneud yn genedl fawr (21:18-20). Ac y mae'n werth nodi hefyd, yn wyneb hyn oll, mai'r gair olaf a geir yma mewn perthynas ag Abraham yw *cenedlaethau Ismael fab Abraham, a anwyd iddo o Hagar...* (adn. 12). Claddwyd Abraham, fel Sara, yn ogof Machpela. Ar ôl ei farwolaeth, bendithiodd Duw Isaac, fel yr oedd wedi bendithio Abraham. Dyma gychwyn y dyfodol newydd a addawodd Duw drwy fab i Sara ac Abraham.

RHAN 3: Hanes yr Hynafiaid: Isaac, Esau a Jacob

25:19-34 **Geni Esau a Jacob**

Wrth inni geisio dehongli'r penodau nesaf am Jacob (25:19-36:43), awgryma Brueggemann (t. 204 ymlaen) y dylid cadw nifer o bwyntiau mewn golwg. Ni wneir mwy yn y fan hon na'u nodi. Yn gyntaf, y mae galwad Duw yn golygu fod Jacob yn canfod ei hunan mewn gwrthdaro a chweryla cyson, gan fod galwad Duw yn golygu gwrthdaro yn ogystal â ffyniant. Yn ail, un o brif ffynonellau'r gwrthdaro yw'r traddodiad mai'r mab hynaf (Esau yn yr achos hwn) sy'n etifeddu oddi wrth y tad. Y mae ceisio gweithredu posibilrwydd gwahanol yn creu anghydfod a pherygl. Yn drydydd, er mai Jacob yw'r prif gymeriad yn y stori, gweithredoedd tramgwyddus (i bob golwg) Duw Jacob yw'r consyrn pennaf. Yn bedwerydd, gosodir dau fath ar ddigwyddiad ochr yn ochr â'i gilydd, sef, gwrthdaro dynol a datguddiad dwyfol (yn stori Bethel, er enghraifft [28:10-22]). Y mae gwrthdaro rhyngom â'n gilydd yn aml yn achlysur i Dduw ddyfnhau'n hymwybyddiaeth ohono'i hun. Yn olaf, er mai Jacob yw prif gymeriad y storïau hyn, y mae ganddynt hefyd ddiddordeb rhyfeddol yn Esau, un na ddewiswyd ond un sydd â lle, er hynny, yng nghynllun Duw. Am fod yr amwysedd hwn yn y storïau hyn, y mae Brueggemann yn awgrymu (t. 211) y gallant siarad yn rymus wrth ein cenhedlaeth ni sy'n ymdrechu'n gyson â chwestiynau ffydd a chred.

Yn y cyd-destun ehangach hwn y mae gweld y stori hon am eni Jacob ac Esau. Y mae'n debygol fod sawl ffynhonnell y tu ôl i'r hanes hwn ond yn y ffurf derfynol hon y mae'r anghydfod sy'n aflonyddu ar yr hanesion sy'n dilyn (adn. 22) yn elfen gref. Cychwynnir y gadwyn storïau drwy'n hatgoffa o batrwm y disgynyddion a'r teuluoedd (adn. 19-20). O'r gorffennol hwn y daeth Jacob a'i frawd Esau. Ac ni ddaeth y beichiogi a'r geni ar unwaith; yma hefyd y mae gwraig (sef, Rebeca) a oedd *heb eni plentyn* (adn. 21a). Ac unwaith eto, Duw sy'n ymyrryd (adn. 21b). Rhaid i rym Duw fod ar waith yn gyson os yw'r addewid i'w gwireddu ac, fel mewn mannau eraill yn yr Hen Destament, Duw sy'n rhoi bod i fywyd.

Cytunir yn gyffredinol mai ychwanegiad mwy diweddar yn y stori wreiddiol yw adn. 22-23. Os felly, fodd bynnag, fe'u gosodwyd yma'n fwriadol er mwyn ceisio gwreiddio'r gwrthdaro a oedd i ddod rhwng y ddau frawd, yn ôl yng nghyfnod eu ffurfiant yng nghroth eu mam. Y mae aflonyddwch y plant yn ei chroth (adn. 22) yn rhagflas o'r aflonyddu mwy enbyd a fyddai'n digwydd wrth i'w perthynas â'i gilydd ddatblygu. O'r cychwyn cyntaf, y mae gwahanu a rhannu meibion, cenhedloedd a llwythau ar waith yma (adn. 23) a bydd dominyddiaeth yr ieuengaf dros yr hynaf, yn groes i'r disgwyliadau arferol, yn cyfrannu at y gwrthdaro. Caiff y datganiad hwn gan Dduw ddylanwad grymus ar weddill y naratif hwn. Dyma grynhoi'r hanes sydd i ddilyn a'i osod o fewn cwmpas bwriad Duw ar gyfer ei bobl.

Os nad oes hiwmor naturiol yn y disgrifiad o'r ddau faban pan gawsant eu geni, buont yn destun sbort gan lawer: aeth *y mae Esau* [fy mrawd] *yn ŵr blewog* (27:11) yn un o ddywediadau enwog ein cyfnod! Y mae'n anodd meddwl am ddau efaill gwrywaidd yn ymddangos yn fwy gwahanol i'w gilydd nag Esau a Jacob, un yn goch a blewog a'r llall yn llyfn (yn ôl 27:11) a'i law *yn gafael yn sawdl Esau*. Nid yw'r enw Esau yn adlewyrchu'r nodweddion sydd yn y fan hon (er bod adn. 30 yn awgrymu enw ac esboniad gwahanol) ac er bod yr enw Jacob yn medru golygu 'y mae'n gafael yn sawdl' gall hefyd olygu 'boed i Dduw amddiffyn'.

Cawn yn adn. 27 ymlaen ddisgrifiad o ddatblygiad ac apêl Jacob ac Esau, dau frawd sy'n wahanol iawn i'w gilydd. Un yn heliwr a'r llall yn ŵr y maes (adn. 27). Un yn byw, mae'n siwr, yn lled wyllt, yn dibynnu ar ei reddfau a'r llall yn ddyn tawel, yn byw'n lled sefydlog mewn pebyll. Un, sef Esau, y brawd hynaf, yn cael ei hoffi gan Isaac (adn. 28) *am ei fod yn bwyta o'i helfa* a'r llall, Jacob, yn cael ei hoffi gan Rebeca. 'Roedd eu dechreuadau, eu bywydau, eu cymeriadau a'u patrymau o gydberthynas yn dra gwahanol i'w gilydd.

Y mae'r hanesyn bach syml am werthu'r enedigaeth-fraint (sef, breintiau'r mab hynaf mewn teulu) sy'n dod â'r adran hon i ben (adn. 29-34), unwaith eto'n ddarlun o berthynas ddynol a oedd wedi'i chwalu, perthynas, fodd bynnag, a oedd mewn cynghanedd anymwybodol â bwriadau Duw. 'Roedd gwerthu'r enedigaeth-fraint yn gam cyntaf yng ngwireddu gair Duw (adn. 23) y byddai'r *hynaf yn gwasanaethu'r ieuengaf*. Y mae newyn naturiol (adn. 29-30), bargeinio hunanol (adn. 31) ac esgeulustod difater (adn. 32) yn cael eu troi i wasanaethu dibenion Duw mewn perthynas â'r genedl hon. Ond gwelir yma hefyd wrthdaro, nid yn unig rhwng dau frawd, gwrthdaro a fyddai'n cyfrannu at ffurfiant cenedl, ond gwrthdaro hefyd rhwng dau ddiwylliant: yr helwyr mwy cyntefig a'r amaethwyr mwy sefydlog (gw. adn. 27-28 uchod).

Y mae cyfeiriadau yn Heb. 11:20-21 a 12:12-17 at yr hanes hwn lle y mae gwrthgyferbynnu rhwng y Duw sy'n addo (Heb. 11:20) a'r brawd sy'n gwerthu ei freintiau (Heb. 12:16) heb ymddiried yn yr addewid. Yn Rhuf. 9:6-13 y mae Paul yn defnyddio'r hanesyn hwn i esbonio fod Duw yn rhydd i weithredu nid yn ôl teilyngdod ond yn ôl ei ras: y mae 'bwriad Duw...yn dibynnu nid ar weithredoedd dynol ond ar yr hwn sy'n galw' (adn. 11). Yn y ddau gyfeiriad hyn yn y Testament Newydd y mae'r pwyslais canolog ar y Duw sy'n addo. Dyma hefyd yw prif bwyslais *Genesis.*

27:1-45 **Isaac yn bendithio Jacob**

Y mae'r adran hon (fel yn 26:1-34) yn canolbwyntio ar roddi a derbyn bendith. Yr hyn sy'n gwneud digwyddiadau'r bennod enwog hon mor arwyddocaol yw'r ffaith bod rhoddi a derbyn bendith yn weithred mor rymus. Y mae'r twyll sydd yn y stori hon yn waeth am fod bendith yn trawsnewid person yn barhaol a digyfnewid. Bydd yn gymorth, felly, inni ystyried yn gyntaf natur 'bendith' yng nghyd-destun yr hynafiaid hyn.

Yn y cysyniad o 'fendith' y mae nifer o haenau'n cydblethu yn ei gilydd. Yn gyntaf, Iahweh sy'n bendithio (gw. 12:2 ymlaen). Ffrwyth gras Duw ydyw. Ac am mai gras ydyw, y mae Duw'n rhydd i fendithio pwy a fynno yn y modd a fynno. Ni all neb deilyngu bendith Duw. Yn ail, y mae ffrwyth y fendith yn ddeublyg, sef, cael derbyn o haelioni gras a chariad a thrugaredd Duw yn ogystal â derbyn ffyniant daearol a materol, a hynny mewn amrywiol ffyrdd (gw. er enghraifft, 22:16 a 24:35). Rhaid pwysleisio bod y ddwy agwedd hon ar fendith Duw yng nghlwm yn ei gilydd yn yr hanesion hyn. (Yn ein cyfnod ni, fel yn hanes Job, er enghraifft, y mae hyn yn codi cwestiynau anodd: a ydyw llwyddiant bydol a materol yn arwydd o fendith Duw a dioddefaint a methiant daearol yn arwyddion o felldith Duw? Y mae rhai yn pregethu 'efengyl' sy'n addo i'r sawl sy'n credu ffyniant bydol, ond a ydyw'r 'efengyl' hon yn gyson â phregethu Iesu?). Yn drydydd, nid Duw yn unig sy'n gallu bendithio. Gall personau hefyd fendithio'i gilydd ac y mae grym cyffelyb ar waith yn y weithred hon hefyd. Gall y sawl a fendithiwyd gan Iahweh fod yn gyfrwng bendith i eraill. Yn bedwerydd, tueddwn ni i ddefnyddio'r gair 'bendith' braidd yn ddifeddwl. Yn aml, nid yw cyfarch rhywun â'r geiriau 'bendith arnoch' yn golygu llawer mwy na 'pob hwyl'. Ond yng nghyfnod yr hynafiaid 'roedd bendith yn cael effaith rymus a pharhaol ac ni ellid ei thynnu'n ôl. 'Roedd grym wedi ei sianelu i'r person a fendithiwyd ac ni ellid dadwneud effaith y fendith. 'Roedd yr un a fendithiwyd wedi ei fendithio. Yn bumed, cyfrwng y fendith oedd y gair a lefarwyd, gan Dduw neu gan berson. 'Roedd geiriau yn rymus (gw. er enghraifft, 1:3, 6, 9, 11, 14, 20, 24, 26, 29, lle mae geiriau Duw y Crëwr yn rhoi bywyd a phatrwm yn y byd). Y mae gair y fendith yn creu byd a bywyd newydd. Dyma'r ergyd yn yr hanes hwn hefyd. Dyna pam y mae sicrhau'r fendith mor allweddol bwysig: y mae'n newid popeth. Yn chweched, cadarnheir y fendith yn aml drwy weithred 'symbolaidd', megis arddodi dwylo. Nid arwydd neu ddarlun oedd gweithred felly. 'Roedd y weithred symbolaidd yn fodd gwirioneddol o gyfleu a sianelu grym ac effaith trawsnewidiol y fendith. (Y mae adleisiau pwysig yma o ddiwinyddiaeth y sacramentau mewn athrawiaeth Gristnogol a'r gwahaniaethau sydd rhwng traddodiadau Cristnogol mewn perthynas ag ystyr ac arwyddocad 'symbolau' y sacramentau hynny). Yn olaf, am fod i fendith y nodweddion hyn, 'roedd bod heb y fendith yn dynged erchyll.

Mae'r nodweddion hyn i gyd yn dylanwadu ar yr hanes hwn am Isaac yn bendithio Jacob. Mewn un ystyr y mae'n mynd yn hollol groes i'n ffordd gyfoes ni o feddwl. Nid yw'n rhesymol nac yn synhwyrol i ni feddwl fel hyn ond ni ellir deall yr hanesyn hwn – na llawer hanesyn arall yn y storïau am yr hynafiaid – heb werthfawrogi'r cefndir hwn. Y mae elfennau'r stori'n gyfarwydd: awydd Isaac i fendithio'i fab hynaf a'i etifedd naturiol, Esau; awydd Rebeca i sicrhau mai Jacob, ei ffefryn hi, a fyddai'n cael ei fendithio ac nid Esau; Rebeca yn cael Jacob i dwyllo Isaac, a hynny'n llwyddiannus; Isaac yn cael ei gryfhau gan wledd a baratowyd o helfa'i fab ac yn ei fendithio; Esau yn darganfod y twyll, yn dymuno cael ei fendithio; wedi darganfod fod hynny'n amhosibl, mae'n casáu Jacob; o ganlyniad y mae Jacob yn ffoi, ar gymhelliad Rebeca, rhag dicter ei frawd.

Man cychwyn yr hanes hwn (adn. 1-2) yw fod Isaac yn ei henaint yn awyddus i sicrhau fod y fendith a dderbyniodd ef (25:11) yn cael ei throsglwyddo i'w fab. Y patrwm traddodiadol oedd mai'r mab hynaf, Esau yn yr achos hwn, oedd yr etifedd. Felly, mae Isaac yn galw Esau eto. Gweithred diwedd bywyd yw bendithio fel hyn ac, yn y cyfnod hwn, 'roedd yn digwydd yng nghyd-destun y teulu ac nid yng nghyd-destun addoliad, fel y byddai mewn cyfnodau diweddarach. Trwy'r weithred hon trosglwyddir grym a dawn a rhagoriaethau'r tad i'r mab.

Fel paratoad ar gyfer trosglwyddo'r fendith mae Isaac yn gofyn i Esau, yr heliwr, i fynd allan i hela a pharatoi gwledd i'w gryfhau. Y mae Westermann (t. 193) yn cyfieithu adn. 4b fel hyn: 'fel y bydd i'm henaid dy fendithio di cyn imi farw'. Y mae yma adlais o 2:7, sy'n sôn am y dyn yn dod 'yn enaid byw', ac ynghlwm yn y fendith, felly, byddai trosglwyddo egni dwyfol, bywiol y tad i'w fab.

Ond 'roedd Rebeca yn gwrando (adn. 5). Y mae'r storïwr yn pwysleisio mai hi sy'n cynllwynio i dwyllo Isaac (adn. 5 ymlaen) drwy gael perswâd ar Jacob i sicrhau helfa, er mwyn iddi hi baratoi gwledd i Jacob gynnig i Isaac yn lle Esau (adn. 8 ymlaen). Ymgais sydd yma, yn ôl rhai, i wneud protest yn erbyn traddodiad hynafiaeth, sy'n ymddangos yn anghyfiawn. Nid yw Jacob yn sicr y bydd y cynllun yn gweithio. Sylwer mai nid twyll y cynllun ond ei effeithiolrwydd sy'n ei boeni, i bob golwg (adn. 11), ond y mae Rebeca'n benderfynol, yn cymryd y cyfrifoldeb am y twyll (adn. 13) ac yn gwisgo Jacob â dillad Esau ac yn ei guddio â chroen blewog geifr (adn. 16). Mae Isaac, fodd bynnag, yn synhwyro fod rhywbeth o'i le. Mae'n synnu fod y wledd yn barod mor gyflym (adn. 20) ond y mae Jacob yn 'esbonio' bod Duw wedi bod gydag ef ac yn rhoi rhwydd hynt i'w hela. Y mae Isaac yn amheus am y llais: *Llais Jacob yw'r llais, ond dwylo Esau yw'r dwylo* (adn. 22). Ond y mae'r twyll yn llwyddo ac y mae'n bendithio Jacob wedi iddo fwyta'r wledd a baratowyd iddo (adn. 27 ymlaen). Ceir yma batrwm traddodiadol y ddefod o fendithio: cadarnhau hunaniaeth y person i'w fendithio; y pryd bwyd; y cyffyrddiad a'r cusan; ac, yn olaf, fformiwla'r fendith.

Y mae'n werth nodi cynnwys nodweddiadol y fendith arbennig hon, a gyflwynir yma ar ffurf farddonol. Nodir, yn gyntaf, fod y maes ei hun wedi'i fendithio gan yr Arglwydd. Yna y mae Isaac yn erfyn ar i'r Arglwydd roi i'w fab fendithion tymhorol y ddaear (adn. 28), sy'n awgrymu cyfnod amaethyddol mwy sefydlog na'r bywyd nomadaidd blaenorol. Ond dymunir iddo hefyd dderbyn anrhydedd ymhlith pobloedd a chenhedloedd (llwythau Israel, mwy na thebyg) yn ogystal â'i deulu ei hun. Yn olaf, byddai ymateb eraill iddo yntau yn dylanwadu mewn modd tyngedfennol arnynt hwythau yn eu tro (*melltith ar y rhai sy'n dy felltithio a bendith ar y rhai sy'n dy fendithio*, adn. 29). Ond y mae'r cyfan hyn wedi digwydd drwy dwyll, yr hyn y mae Brueggemann yn ei alw yn '*world-changing duplicity*' (t. 232). Dyma'n hatgoffa eto mai 'pethau distadl y byd, a phethau dirmygedig, a ddewisodd Duw' (1 Cor. 1:28) i fod yn gyfryngau bregus ei fendith a'i ras.

Ond yna (adn. 30) y mae Esau yn dychwelyd o'r maes, yn dechrau cyflawni yr hyn y ceisiodd Isaac ganddo, ac y mae'r ddau ohonynt yn darganfod y twyll sydd wedi digwydd. *Cyffrodd Isaac yn ddirfawr* (adn. 33) a gwaeddodd Esau *yn uchel a chwerw* (adn. 34). Y mae'r ymateb yn ddramatig a grymus. Dyma chwalu mewn un weithred obaith Isaac am derfyn heddychlon a bodlon i'w fywyd. Gwyddai yn unig am yr elyniaeth a fyddai rhwng ei feibion. Mae ymateb Isaac i Esau yn tanlinellu nodweddion bendith a amlinellwyd uchod. *Y mae dy frawd ...wedi cymryd dy fendith* (adn. 35). Dyma bwysleisio natur bersonol a digyfnewid bendith ym myd yr hynafiaid ac y mae gweddill yr adran hon (adn. 36-40) yn adlewyrchu hyn. Yn y diwedd, y mae'r ddau yn eu tristwch yn gorfod bodloni ar ganlyniad anochel a digyfnewid y twyll.

Y mae Isaac, yr oedd ei dad, Abraham, yn foddlon ei aberthu

mewn ufudd-dod i Dduw'r addewid, yn bendithio Esau, ond bendith annigonol iawn ydyw: bydd *heb frasder daear a heb wlith y nefoedd*; bydd yn byw ar ei ddawn â chleddyf; a bydd yng ngwasanaeth ei frawd (adn. 40). Ymddengys bod yr anghyf-iawnder yn cael ei danlinellu. Ond yng nghynffon y fendith y mae gair o addewid: fe fydd rhyddid i Esau, a chaiff dorri iau ei frawd oddi ar ei wddf (adn. 40). Fel mewn sefyllfaoedd o dwyll a gorthrwm ar hyd y canrifoedd, y mae gan Dduw air o obaith (gobaith gwan iawn yn yr achos hwn ond gobaith, er hynny) i'r gorthrymedig, gair a gyhoeddwyd yn fwyaf grymus yn Iesu a ddaeth 'i beri i'r gorthrymedig gerdded yn rhydd' (Lc. 4:18). Y mae effaith y fendith yn enbyd: *casaodd Esau Jacob o achos y fendith...* (adn. 41) ac y mae'n penderfynu lladd ei frawd, ond nid tan i'w dad farw rhag clwyfo teimladau tad. Ond unwaith eto, y mae Rebeca yn ymyrryd i amddiffyn ei mab ac yn danfon Jacob i ffwrdd i Haran at ei brawd, Laban, fel na chaiff hi ei hamddifadu o'i dau fab mewn un diwrnod (adn. 45). Y mae twyll yn chwalu perthynas ac yn rhwygo teulu ac yn y diwedd efallai bod Rebeca, hyd yn oed, â chalon mam, yn sylweddoli na ellir adennill cyfiawnder drwy dwyll.

Ond ar waetha'r cyfan hyn, er drwg ac er da, Jacob biau'r dyfodol; ef fyddai'r etifedd; ef fyddai'n derbyn bendith Duw; ef fyddai cyfrwng gobaith Duw; byddai Duw yn 'Dduw Jacob'. Felly, cyn gadael, caiff ei fendithio gan Isaac: *Boed i Dduw Hollalluog dy fendithio... fel y byddi'n gynulliad o bobloedd. Rhodded ef fendith Abraham i ti ac i'th hil hefyd...* (adn. 3-4). Deuai'r ffoadur twyllodrus yn etifedd yr addewid.

28:10-22 **Breuddwyd Jacob**

Ond yn awr rhaid i Jacob fynd ar ei daith, gan ffoi rhag dig ei frawd a rhag canlyniadau ei dwyll ei hun, i fyw mewn perygl ac mewn braw. Ar y daith, fodd bynnag, mewn rhyw fan anhysbys a dienw tan y foment hon (*daeth i ryw fan*, adn. 11, ond y mae adn. 19 yn ei enwi'n *Lus*) y mae'r annisgwyl yn digwydd. Daw wyneb yn wyneb â'r Duw fu ar waith drwy'r cyfan oll. Ac mewn breuddwyd y mae hyn yn digwydd, pan nad oedd Jacob mewn rheolaeth arno'i hun na'i ymwybod na'i isymwybod. Dyma'r enghraifft gyntaf yn y Beibl o Dduw yn datguddio'i hunan mewn breuddwyd. Y mae nifer o enghreifftiau o hyn yng ngweddill yr Hen Destament a'r Testament Newydd. Dylid osgoi meddwl fod hyn yn golygu mai profiad afreal a dychmygol oedd hwn iddo. Erbyn hyn, y mae gwaith Freud ac eraill wedi dangos inni fod yr isymwybod yn ddylanwad grymus arnom. Yn y freuddwyd hon, fel yn yr enghreifftiau eraill, y mae Duw yn cyffwrdd â bywyd ei bobl arbennig ef drwy eu hisymwybod. Gall ein hisymwybod drawsnewid ein dirnadaeth, ein cymeriad, ein hunaniaeth a chyfeiriad ein bywyd. Dyma sy'n digwydd yn y fan hon.

Ceir disgrifiad cryno o'r weledigaeth. Yn ei freuddwyd y mae'n gweld *ysgol* (yn gywirach, efallai, 'grisiau') rhwng y ddaear a'r nefoedd (sef, trigfan Duw) ac *angylion Duw yn dringo a disgyn ar hyd-ddi* (adn. 12). Yn y darlun hwn y mae tair elfen bwysig yn cael eu cyflwyno. Yn gyntaf, hyd yn oed wrth iddo ffoi rhag peryglon ac oddi wrth ei euogrwydd am ei dwyll ei hun, mewn lle anial a dienw, caiff brofiad o Dduw. Dros dro, gall ddianc rhag ei frawd. Ysywaeth ni all ddianc rhag ei euogrwydd ei hun. Ond nid yw Duw yn troi cefn arno. Y mae'n Dduw sy'n ymddangos yn y lle anial. Yn ail, y mae'r freuddwyd yn datguddio i Jacob (ac i ni) fod nefoedd a daear wedi eu cysylltu â'i gilydd. Ni adawyd Jacob, na thrigolion y ddaear, i ymladd eu brwydrau â thwyll ac euogrwydd yn nerth eu hadnoddau eu hunain. Y mae ysgol, sy'n arwydd grymus fod adnoddau'r nef, adnoddau Duw y nefoedd, ar gael i drigolion y mannau anial. Yma hefyd gellir gwireddu addewidion Duw. Dyma, fel petai, ymaflyd mewn dyn ar y llawr, a'i gydio â'r Duwdod yn un (*John Williams, Sain Tathan).* Yn drydydd, ar hyd yr ysgol, y mae angylion, sef, negeswyr Duw, yn dringo a disgyn, i gyflawni ei amcanion ef ym mywyd y ffoadur hwn a'r genedl a oedd â'i dyfodol yng nghlwm yn ei ddyfodol ef.

Ond preliwd yw'r elfennau gweledig hyn i galon yr hanes hwn, sef, geiriau'r addewid a leferir, nid gan angylion, ond gan Iahweh ei hunan. Yr Arglwydd sy'n sefyll wrth ymyl yr ysgol ac ef sy'n llefaru. I ddechrau, y mae'n ei uniaethu ei hunan â hynafiaid Jacob. Dyma ddechrau fformiwla a ddeuai'n gyfarwydd yng ngweddill y Beibl (gw. er enghraifft, Ex. 3:6 a 15): *Myfi yw'r Arglwydd, Duw Abraham dy dad, a Duw Isaac* (adn. 13). Noder fod Abraham yn cael ei ddisgrifio fel *dy dad* er mai Isaac oedd ei dad yn llythrennol. Dyma gydnabod mai Abraham, yn ei ufudd-dod a'i ffydd, oedd tad pobl Dduw, cred sy'n sylfaenol heddiw ym mherthynas Iddewon, Moslemiaid a Christnogion â'i gilydd. Sylwer hefyd y byddai enw Jacob ei hun yn cael ei ychwanegu at y disgrifiad hwn o Dduw. Byddai'r ffoadur a dwyllodd, fel 'y tad' Abraham, ac fel Isaac, mab yr addewid, yn dod yn fodd i adnabod y Duw sydd ar waith yn holl droeon a helyntion hanes pobl yr addewid.

Y mae cychwyn yr addewid yn gonfensiynol erbyn hyn (adn. 13-14). Y mae'n addo'r tir y mae'n gorwedd arno iddo ef a'i ddisgynyddion (gw. er enghraifft, 17:8). Y mae addewid Duw am ddisgynyddion i Abraham (22:17) yn cael ei hailadrodd yma ac yn cael ei ehangu: *byddi'n ymestyn i'r gorllewin a'r dwyrain ac i'r gogledd a'r de, a bendithir holl deuluoedd y ddaear ynot ti ac yn dy ddisgynyddion* (adn. 14). Y mae'n addewid gyfansawdd a chyflawn.

Ond y mae adn. 15 yn ychwanegu dimensiwn newydd ag iddo bedair agwedd. Yn gyntaf, *yr wyf fi gyda thi*. Dyna un o ergydion y freuddwyd hon. Caiff Jacob sicrwydd yng nghalon ei fodolaeth fel person, yn ei isymwybod, fod Duw yn bresennol iddo. 'Duw gyda ni' (Immanuel), sef, yr enw a roddir i Iesu, (Mth. 1:23), yw Duw, a byddai'r Duw hwn, fel yr Immanuel, gyda'i bobl 'yn wastad, hyd ddiwedd amser' (Mth. 28:20). Yn ail, byddai'n ei gadw (gw. Salm 121:7 a gweddill y Salm: 'Bydd yr

Arglwydd yn dy gadw rhag pob drwg, bydd yn cadw dy einioes'). Delwedd y bugail sydd yma, yn cynnal, amddiffyn ac achub ei braidd yn wyneb pob perygl *ple bynnag yr ei*. Bydd Duw yr Achubydd a'r Ceidwad gyda'r ffoadur hwn. Yn drydydd, caiff ei ddwyn adref. Nid ffoi a chrwydro am byth fyddai ei hanes ef na'i ddisgynyddion. Cânt eu dwyn adref. Ar hyd yr oesau, hyd heddiw, dyma yw dyhead y rhai sydd wedi eu gyrru o'u tir a'u cartref ac y mae Duw yr Achub a'r Rhyddhad yn addo cyflawni eu dyheadau. Yn olaf, drwy hyn i gyd, beth bynnag oedd yn ei aros, *ni'th adawaf*. Gellir dibynnu ar y Duw nad yw'n gadael ei bobl yn amddifad ond sydd, yn hytrach, ynddynt a thrwyddynt, *yn gwneud yr hyn a ddywedais*.

Wedi'r gweld a'r clywed, y mae Jacob yn dihuno (adn. 16). Y mae'r Jacob nad yw bellach yn breuddwydio yn cymryd y freuddwyd a'i haddewid o ddifrif. Newidiwyd dirnadaeth y ffoadur o'r man di-nod hwn (adn. 11). Yma daeth, mewn gwirionedd, ŵyneb yn ŵyneb â Duw. Y mae'r *...Arglwydd yn y lle hwn...* (adn. 16) ac y mae Jacob bellach yn ymwybodol o'i bresenoldeb. Y mae'r hanes hwn, felly, yn warant hanesyddol ac ysbrydol i'r fangre gysegredig a ddaeth yn un o'r amlycaf yng nghwlt Israel. Efallai'n wir, mai dyma un o'r rhesymau pennaf dros adrodd yr hanes. Ond y mae mwy ar waith yma na bod yn ymwybodol o bresenoldeb Duw: *Mor ofnadwy yw'r lle hwn!* (adn. 17). Nid y lle ei hun sy'n creu braw a dychryn ond presenoldeb Iahweh yn y lle sy'n creu'r 'parchedig ofon'. Y mae disgrifiad Jacob o'r lle yn adlewyrchu ei brofiad yno ac yn adlais o bwysigrwydd cwltaidd y fangre hon. Y mae'n dŷ i Dduw am fod Duw yn trigo yn y lle cysegredig hwn. Y mae'n *borth y nefoedd* am fod y ffordd rhwng nefoedd a daear, rhwng y cread a'r Crëwr, rhwng y meidrol a'r anfeidrol – y tramwyodd angylion ar hyd-ddi yn y freuddwyd – yn arwain drwy'r fangre hon. Ar y ffin hon y mae man cyfarfod!

Yn y bore, mae Jacob yn codi'n gynnar, yn gosod y garreg, a oedd yn obennydd iddo, yn golofn ac yn tywallt olew drosti.

Felly, caiff y garreg, a oedd mewn rhyw fodd wedi cyfranogi yn ei brofiad, ei heneinio ag olew a, thrwy hynny, caiff ei chysegru i fod yn symbol gweledig o'r presenoldeb 'ofnadwy'. Caiff y fangre enw newydd, *Beth-el*, sef, Tŷ Dduw, enw'r ganolfan gwltaidd amlycaf, heblaw am Jerwsalem ei hunan ond canolfan a fyddai'n peidio â bod yn *dŷ Dduw*, yn mynd yn *gysegr y brenin a theml y wladwriaeth* (gw. Am. 3:13-15 a 7:10-17) ac a ddinistrwyd gan y brenin Joseia (gw. 2 Bren. 23:15). Ond yma caiff ei chydnabod fel mangre gysegredig.

Ymateb olaf y naratif fel y mae, yw adduned Jacob. Credwyd gan rai mai ychwanegiad diweddarach i'r stori wreiddiol yw adn. 20-22, ond gwelodd y golygydd terfynol eu harwyddocâd fel clo i'r hanesyn allweddol hwn. Yn ei adduned, y mae Jacob yn adleisio addewid Duw. Y mae'r elfennau yn cael eu hail-adrodd (gw. adn. 15): *Duw gyda mi*, yn *fy nghadw'n ddiogel* ac yn *dychwelyd (Jacob) mewn heddwch*. Fel arwydd o'i adduned y mae'n cydnabod y garreg a eneiniodd yn fangre presenoldeb Duw, yn *dŷ i Dduw* (gweithred a fyddai'n gadarnhâd pellach o bwysigrwydd Beth-el) ac yn degymu o gynnyrch y cynhaeaf fel rhodd i Dduw, arfer a fu'n rhan o gwlt cysegrle Beth-el, i gydnabod mai Duw sy'n berchen y tir a'i gynnyrch.

Felly, gwnaeth y twyllwr a'r ffoadur adduned gerbron Duw, y Duw a fu gydag ef ar hyd y daith, ac a fyddai gydag ef. Ond fel y mae Brueggemann yn nodi, nid yw'n ildio'n llwyr. Y mae amod yn yr adduned: *Os bydd Duw...* (adn. 20). Tinc o amheuaeth sy'n ein hatgoffa o ddatganiad y tad yn y stori am Iesu: 'Yr wyf yn credu; helpa fi yn fy niffyg ffydd' (Mc. 9:24).

[*Nodyn cefndir ar 29:1-30:24:* Y mae llawer yn digwydd i Jacob yn ystod yr adran hon, nad yw gofod yn caniatáu inni ei ystyried yn fanwl, ond y mae'n werth sylwi ar rai o'r digwyddiadau arwyddocaol yn ei hanes ef ac yn hanes y genedl. Y mae'n cyrraedd tŷ Laban ac yn cael ei groesawu, y mae'n gweithio yno am saith mlynedd er mwyn ennill Rachel yn wraig iddo. Er i

Laban ei dwyllo (twyllo'r twyllwr!) drwy roi Lea, ei ferch hynaf yn wraig iddo, heb iddo sylweddoli, caiff Rachel hefyd yn wraig iddo. Genir pedwar o fechgyn i Lea a Jacob, sef, Reuben, Simeon, Lefi a Jwda (am ystyr yr enwau hyn ac enwau gweddill meibion Jacob gweler y troednodiadau yn y BCN). Ond ni chafodd Rachel blant a rhoddodd ei morwyn, Bilha, yn wraig iddo, a thrwyddi hi cafodd Jacob ddau fab arall, sef, Dan a NafftHali. Wedi i Lea beidio â geni plant, rhoddodd hithau hefyd ei morwyn, Silpa, i fod yn wraig i Jacob a ganwyd iddynt Gad ac Aser. Beichiogodd Lea ddwywaith eto a ganwyd iddynt Issachar a Sabulon. Yn y diwedd, beichiogodd Rachel ar Joseff ac, wedi cryn gyfnod, ar Benjamin (a bu farw Rachel wrth roi genedigaeth iddo). Felly, dyma eni deuddeg mab Jacob, y byddai llwythau Israel yn cymryd eu henwau oddi wrthynt].

30:25-32:2 **Perthynas Jacob a Laban**

Y mae'r adran helaeth hon yn rhoi sylw arbennig i'r berthynas rhwng Jacob a'i ewythr a'i dad yng nghyfraith, Laban, a roddodd groeso a chartref i'r ffoadur. Y mae'r helynt yn dechrau am fod Jacob yn gofyn i Laban am gael gadael i fynd ar ei daith yn ôl adref, yn unol â'r cytundeb (30:25, gw. 29:30). Ond y mae Laban yn sylweddoli fod ei ffyniant a'i lwyddiant ef yn dibynnu ar bresenoldeb Jacob, gan mai drwy Jacob y mae Iahweh, rhoddwr ffyniant, yn bendithio Laban. Maent yn dod i gytundeb y byddai Jacob yn cael gadael gyda'r defaid a'r geifr *brith a broc* a'r ŵyn duon fel cyflog. Ond twyllodd Laban Jacob gan ddanfon y praidd hyn i ffwrdd i'w bugeilio gan ei feibion. Mae Jacob yn ymateb i'r twyll hwn drwy dwyllo Laban yn ei dro. Felly, caiff Laban y defaid gwannaf a Jacob y defaid cryfaf (30:37-43). Nid oes angen i ni fanylu ar y modd y digwyddodd hyn – y mae Westermann yn awgrymu mai adroddiad gan arbenigwr amaethyddol sydd wedi ei ychwanegu yma! Digon yw sylwi fod cyfrwystra Jacob wedi golygu fod ei gyfoeth ef wedi cynyddu'n fawr, nes bod ganddo *breiddiau niferus, morynion a gweision, camelod ac asynnod* (30:43). Y mae Brueggemann yn sylwi (t. 257) mai tystiolaeth yw hyn i rym Duw ar waith ym mywyd Jacob 'yn ad-drefnu'r dyfodol i wneud newydd-deb yn bosibl.'

Nid yw'n syndod fod agwedd Laban a'i feibion at Jacob yn newid. Unwaith eto y mae twyll o'r ddwy ochr yn creu eiddigedd. Yn sŵn y bygythiad hwn, y mae Duw yn dweud wrth Jacob am gychwyn ei daith yn ôl adref *i wlad dy dadau ac at dy dylwyth* gan addo, fel y gwnaeth ym Methel, i fod gydag ef (31:3). Felly y mae'n mynd at feibion Laban i esbonio'r hyn a ddigwyddodd i'r diadelloedd a'i fwriad i adael am adref. Unwaith eto y mae yma ormod o fanylion i'n diben ni ond mae'n werth nodi un neu ddau bwyslais yn y naratif hwn. Sylwer, yn gyntaf, mai Duw (nad yw'n cael ei alw yn Iahweh yn yr adran hon heblaw am adn. 3) sydd ar waith yn y cyfan: *bu Duw gyda mi* (adn. 5), *ni adawodd Duw iddo fy niweidio* (adn. 7), *cymerodd Duw anifeiliad fy nhad…* (adn. 9), *dywedodd angel Duw wrthyf* (adn. 11). Y Duw hwn sy'n ei orchymyn: *Myfi yw Duw Bethel… Yn awr cod, dos o'r wlad hon a dychwel i wlad dy enedigaeth* (adn. 14). 'Rydym i ddeall fod y Duw a addawodd yn cadw ei air, a bod Jacob yntau wedi canfod arweiniad Duw.

Yn ail, tra bod meibion Laban yn eiddigeddus o Jacob, y mae ei ferched yn gweld nad oes iddynt hwy bellach *ran neu etifeddiaeth* yn nhŷ Laban (adn. 14). Yn wir, tybiant iddynt fynd yn *estroniaid*. Gyda Jacob, a'r cyfoeth a gafodd drwy law Duw, y mae dyfodol Rachel a Lea (adn. 16). Felly, y mae Jacob yn paratoi i adael *i fynd i wlad Canaan at ei dad Isaac* (adn. 18). Ond nid yw'n mynd cyn i Rachel ladrata delwau'r teulu (adn. 19). Y mae golygydd yr hanes am bwysleisio, yn wyneb hyn i gyd, fod Jacob wedi twyllo Laban (adn. 20). Y mae'r ffoadur a dwyllodd ei dad ac a ddygodd y fendith oddi ar ei frawd yn dal i fod yn dwyllwr ac, felly, yn dal i fod yn ffoadur!

Ar ei daith tua'r gorllewin, dros afon Ewffrates, y mae'n gwersylla ym mynydd-dir Gilead. Ond y mae Laban yn cael ar ddeall ei fod wedi ffoi ac yn dal i fyny â Jacob a'i fintai. Wedi derbyn gair gan yr Arglwydd, nid yw'n ymosod ar Jacob ond, yn hytrach, yn ei herio â geiriau'n unig (adn. 26). Y mae'n edliw iddo ffoi ac yn gresynu na chafodd gyfle i'w *hebrwng yn llawen â chaniadau a thympan a thelyn* (adn. 27) ac yn ei gyhuddo o fod yn ffôl (adn. 28). Y mae am bwysleisio'i raslonrwydd tuag at Jacob: *Gallwn wneud niwed i chwi, ond llefarodd Duw...* (adn. 29). Ond y mae delwau'r teulu wedi eu dwyn ac y mae'n drwgdybio mai Jacob oedd wedi eu lladrata. Dim ond yn awr y sylweddolwn ni nad oedd Jacob yn gwybod fod Rachel wedi eu lladrata (adn.32). Felly, gall gyhoeddi'n hyderus: *...y sawl sy'n cadw dy dduwiau, na chaffed fyw!* ac y mae'n gwahodd Laban i chwilio'r gwersyll. Nid yw'n dod o hyd iddynt gan fod Rachel wedi eu cuddio ac yn llwyddo i dwyllo'i thad (adn. 34-35). Unwaith eto, y mae twyll a lladrad yn llywio'r berthynas rhwng y ddau deulu ond, fel y mae Westermann yn nodi (t. 220), y tu ôl i hyn oll y mae ymgais i ddatgan nad yw'r delwau'n ddim ond delwau. Nid oes ganddynt, mwy na delwau Babilon y gaethglud (gw. Es. 46:1-7), rym i gadw ac achub. Iahweh yn unig yw'r Ceidwad.

Y mae Jacob, felly, yn teimlo fod ganddo yntau yn awr hawl i herio Laban, a'i atgoffa, mewn geiriau sy'n rhoi darlun byw o fywyd amaethyddol y cyfnod, am ei wasanaeth teyrngar a thrylwyr iddo a'r manteision a ddaeth i Laban drwy Jacob, a hynny ar waethaf pob anhawster a threialon (adn. 36 ymlaen). Ei unig amddiffynfa drwy'r cyfan oll oedd Duw. Y mae'n werth nodi ei ddisgrifiad o'r Duw hwn. Bu *Duw fy nhad, Duw Abraham ac Arswyd Jacob* (adn. 42) o'i blaid. Y mae'r ddau gymal cyntaf wedi dod yn ffordd arferol o enwi Duw'r hynafiaid, ond y mae'r trydydd cymal yn anarferol. Y mae'r unig gyfeiriad arall at *Arswyd Jacob* yn adn. 53b. Tra bod y rhan fwyaf o gyfieithiadau'n cytuno â'r BCN, ac yn awgrymu fod cyfeiriad yma at batrwm hynafol o gredu yn Nuw a'i addoli yng nghyfnod yr hynafiaid, y mae Westermann (t. 221) yn awgrymu posibiliadau eraill. Awgrymodd Albright mai'r ystyr yw 'Perthynas Isaac' (*kinsman*), ond y mae Westermann yn gwrthod hyn ac yn ffafrio cyfieithiad sy'n seiliedig ar yr Arabeg, sef, 'Noddfa Isaac'. Ta waeth am hynny, y mae'r pwynt diwinyddol yn aros: 'roedd Duw ei dadau o'i blaid.

Yn wyneb hyn y mae Laban, tra'n hawlio ei ferched a'u plant a'r praidd fel ei eiddo ef, yn cynnig gwneud cyfamod rhyngddo a Jacob. Awgrymir gan rai nad cyfamod, fel y cyfryw, yw'r ystyr yma ond cytundeb rhwng dau berson. Y mae Jacob yn ymateb drwy fynd ati i godi colofn, adeiladu carnedd a chynnal gwledd. Enwir hi gan Laban yn *Jegar-sahadwtha* (Aramaeg) a gan Jacob yn *Galeed* (Hebraeg) ond yr un yw ystyr y ddau enw, sef, Carnedd y Dystiolaeth (adn. 47-48). Caiff enw arall hefyd, sef, *Mispa* (Tŵr Gwylio, adn. 49). Byddai'r golofn a'r garnedd yn dystiolaeth i'r cytundeb a wnaed rhyngddynt ac yn fodd i sicrhau na fyddai merched Laban, sydd bellach wedi eu trosglwyddo, fel petai, i Jacob, yn cael eu cam-drin ganddo mewn unrhyw fodd oddi mewn i'r briodas rhyngddynt. I hyn oll *y mae Duw yn dyst* (adn. 50), sef, *Duw Abraham* (adn. 53) ond *Duw Nachor* hefyd. Y mae cyfeiriad at Nachor yn 22:20-24, lle ceir rhestr o'i ddisgynyddion ac yn 24:10 a 15 lle sonnir am *ddinas Nachor* ac am *Nachor, brawd Abraham*. Nachor, wrth gwrs, oedd tad Rebeca a Laban. Y mae'n anodd dweud ai amcan rhoi'r enwau hyn ar Dduw yw datgan mai'r un Duw oedd Duw Abraham a Duw Nachor (ac mai ef fyddai'n barnu rhyngddynt) neu mai dau Dduw gwahanol ydynt (fel y mae Westermann yn honni) a bod y naill yn gwarchod tynged Jacob a'i deulu a'r llall yn gwarchod Laban a'i deulu yntau. Os mai'r olaf yw'r dewis cywir, mae yma neges bwysig am berthynas Duw Abraham â duwiau eraill y cyfnod. Wedi'r dathlu, fodd bynnag, gwahanodd y ddau yn gymodlon a mynd ar eu taith, Laban yn ôl i'w wlad a Jacob adref at ei dad a'i dylwyth.

Ar ei daith y mae angylion Duw yn cyfarfod â Jacob ac y mae'n canfod fod Duw yn y lle hwn hefyd (gw. 28:16) ac yn enwi'r fangre yn *Mahanaim*, sef, 'Dau wersyll'. Gwêl rhai gyfeiriad yma at wersyll milwrol ac, felly, fod yma gyfeiriad at 'Arglwydd y lluoedd'. Brueggemann (t. 262) sy'n nodi fod Calfin, wrth ddehongli'r adnodau hyn, yn tynnu sylw at Salm 34:7, 'Gwersylla angel yr Arglwydd o amgylch y rhai sy'n ei ofni, ac y mae'n eu gwaredu'. I eraill nid oes i'r enw hwn arwyddocâd mwy na bod Duw yn gwersylla yma h.y. yn bresennol yn y lle, fel yr oedd yn bresennol ym Meth-el.

32: 1-21 **Jacob yn paratoi i gyfarfod ag Esau**

Ond y mae Jacob ar ei ffordd i geisio cymod â'i frawd, Esau. Y mae'n amlwg ei fod yn pryderu am y cyfarfod ac yn ofnus am y canlyniadau posibl. Bydd angen paratoadau gofalus. Y cam cyntaf yw danfon negeswyr at Esau i esbonio ei fod wedi ffynnu yn ystod ei arhosiad gyda Laban a'i fod yn awr am gael *ffafr* yng ngolwg ei frawd (adn. 4-5). Ni ellir osgoi meddwl fod Jacob â'i fryd ar gael dim mwy (ac, wrth gwrs, dim llai) na maddeuant gan y brawd a dwyllwyd ganddo. Daw'r negeswyr yn ôl gyda neges a barodd fraw ac arswyd i Jacob: 'roedd Esau yn dod i'w gyfarfod gyda phedwar cant o ddynion. Dyma ddangos fod Esau a oedd i fyw wrth ei gleddyf (27:40) wedi adeiladu byddin iddo'i hun. Mae Jacob yn penderfynu mai'r cynllun gorau fyddai rhannu y bobl a'r anifeiliad a oedd gydag ef *yn ddau wersyll* (adn. 7), fel y gall gadw hanner ei dylwyth a'i eddo, o leiaf.

Ond cyn mynd ar y daith beryglus, y mae'n gweddïo ar Dduw. Gan mai dyma'r unig weddi o unrhyw hyd yn *Genesis* y mae'n werth nodi rhai manylion. Y mae'n cychwyn trwy gyfarch Duw ei dadau, *Duw Abraham a Duw Isaac* (a'r Duw a ddeuai i gael ei alw gan genedlaethau i ddod yn 'Dduw Jacob' hefyd). Y mae'n gweld ei hunan yn llinach yr hynafiaid ac yn un o ddeiliaid Duw yr hynafiaid hynny. Y mae'n dwyn ar gof addewid Duw iddo (adn. 9, gw. 28:13 ymlaen; cymh. 12:1) ac yn gweld, efallai, fod ei ddychweliad ef yn cynrychioli hefyd ddychweliad Abraham i'r wlad y byddai Duw yn ei rhoddi iddo. Os mai yn y cyfnod wedi'r gaethglud y lluniwyd *Genesis* yn y ffurf hon, byddai'r dychwelyd yma yn arwydd hefyd o addewid Duw i'w bobl, y byddent yn cael eu dwyn yn ôl i'w gwlad wedi creulondeb caethglud Babilon. Y Duw a oedd ar waith yn dychwelyd Jacob a fyddai hefyd yn eu dychwelyd hwythau. Yna y mae'n cyfaddef ei fod yn anheilwng (yn llythrennol, 'Myfi yw'r lleiaf teilwng…') o *ymlyniad* (neu 'gariad cyson') a *ffyddlondeb* Duw iddo (adn. 10). Dyma enghraifft arall o ddau air a ddefnyddir yn amlach na'r un i ddisgrifio Duw yr Hen Destament. Trugaredd ffyddlon y Duw hwn a'i cynhaliodd, yn unol â'r addewid, wrth iddo ffoi a ffynnu, ac wrth iddo, yn awr, ddychwelyd. Aeth o'r lle hwn yn waglaw *heb ddim ond fy ffon* ('roedd yn dibynnu'n llwyr ar drugaredd Duw), ond yn awr, y mae wedi cynyddu digon, drwy'r un trugaredd, i rannu ei dylwyth a'i eiddo yn ddau wersyll. Ar sail hyn oll, y mae'n ymbil ar i Dduw barhau i gadw at ei air (adn. 11) ac yn atgoffa Duw o'i addewid (adn. 12). Dylid nodi pwyslais y ffurf hon ar yr addewid: *Yn* ***ddiau*** *gwnaf ddaioni i ti…'* Ni ddylid fod lle i amau addewid a daioni Duw.

Yn y bore, mae'n paratoi ar gyfer ei siwrnai drwy gasglu anrheg i Esau. Ymddengys i ni fel anrheg ryfeddol o hael (adn. 14-15) ac y mae'n ei danfon fesul tair carfan yng ngofal ei weision i gyfarfod ag Esau, gyda'r gorchymyn i esbonio mai *'Dy* ***was*** *Jacob biau'r rhain; anfonwyd hwy'n anrheg i'm* ***harglwydd*** *Esau…'* (adn. 18). Dyma danlinellu ei agwedd ostyngedig wrth iddo geisio cymod â'i frawd. Ni ddaw cymod heb y fath ostyngeiddrwydd. Y mae Brueggemann (t. 266) yn tynnu sylw hefyd at y chwarae ar eiriau a geir yn nyhead Jacob am ennill ffafr Esau (adn. 20 a 21). Gellir cyfieithu'r gair Hebraeg *pen,* a ddefnyddir yma, â 'wyneb' ac 'o flaen': ei amcan yw cael *ffafr* yn *wyneb* Esau wrth iddo ddanfon ei anrheg *o'i flaen,* a chael ei *ffafr* hefyd pan ddaw *wyneb yn wyneb* ag ef. Y mae'n werth nodi hefyd mai'r gair a gyfieithir yn *enillaf ei ffafr* yn yr adnod hon yw *kpr,* sef, y gair a ddefnyddir am 'iawn' neu 'gymod' Duw (er enghraifft, , *Yom Kippur* neu 'Dydd y Cymod' yn Lef. 25:9).

Ond cyn dechrau ar ei daith i geisio cymod â'i frawd, y mae Jacob yn treulio'r noson yn y gwersyll.

32:22-32 **Jacob yn ymgodymu yn Penuel**

Ond ar ei ffordd, y mae'r annisgwyl yn digwydd iddo. Wrth ymyl rhyd Jabboc, a'i wragedd, ei forynion, ei feibion a'i holl eiddo eisoes wedi'u dwyn dros y rhyd, y mae Jacob yn gorfod ymgodymu tan doriad gwawr. Mae'n hanesyn sy'n awgrymu dehongliadau cyffrous, a hynny, i raddau, oherwydd fod manylion y stori'n aneglur. I ganfod ergydion y stori, rhaid ystyried rhai cwestiynau allweddol.

Yn gyntaf, â phwy yr ymgodymodd Jacob? Yn ôl adn. 24, bu'n ymgodymu â *gŵr*. Os yw hyn yn ddisgrifiad manwl gywir, y mae dau bosibilrwydd yn cynnig eu hunain. Gallai olygu mai rhywun anhysbys a ymosododd arno ac yntau bellach wedi ei adael yn ddiamddiffyn wrtho'i hunan. 'Roedd fandaliaid ar waith yn nghyfnod Jacob, mae'n siwr, fel yn achos y gŵr a oedd ar y ffordd o Jerwsalem i Jericho yn stori Iesu. Ond y mae adn. 28 a 30 yn sôn am *ymdrechu â Duw* a *gweld Duw wyneb yn wyneb*. Sut y gellir cyfiawnhau datganiadau o'r fath os mai fandaliaeth cyffredin oedd hyn? Ar y llaw arall, awgrymodd rhai mai Esau, y brawd yr oedd Jacob ar ei ffordd i geisio cymodi ag ef, a ymosododd arno. Gellid deall agwedd Esau. Cafodd gam drwy dwyll Jacob, a Jacob a gafodd yr etifeddiaeth fraint a oedd yn eiddo iddo ef. 'Roedd yn naturiol fod Esau yn teimlo atgasedd os nad gelyniaeth tuag at ei frawd. Byddai ymosod arno gyda'r nos pan oedd wrtho'i hunan yn ymateb digon naturiol. Os mai dyma ddigwyddodd, gellir dehongli'r stori fel ymdrech Esau i gael y gorau ar ei frawd. Ond 'roedd ei fethiant i'w drechu (adn. 25) wedi newid ei agwedd nes ei fod bellach yn fodlon cymodi â'i frawd (pen. 33). Ond os mai Esau a olygir, pa fantais sydd i beidio â'i enwi? Oni fyddai ei enwi, mewn gwirionedd, yn cryfhau'r stori? Yr awgrym arall, felly, yw mai ymgodymu â Duw (neu, o leiaf, ag angel neu negesydd Duw, gw. 18:2 ymlaen am enghreifftiau o ddefnydd tebyg) a wnaeth Jacob ond nad oedd wedi sylweddoli hynny. Byddai hynny'n cyfiawnhau'r esboniad a gafodd gyda'r wawr (gw. y cyfeiriad at adn. 28 a 30 uchod). 'Roedd yn wir wedi *ymdrechu â Duw* a'i weld *wyneb yn wyneb*, hyd yn oed os na sylweddolai hynny. Y neges, felly, yw mai drwy ymdrechu â Duw y cawn yr adnoddau digonol i gymodi â'n gilydd. Yng ngeiriau Paul, '...gwaith Duw yw'r cyfan' (2 Cor. 5: 18). Ond byddai'n rhaid inni hefyd wynebu realiti arall. 'Roedd yr ymdrechu yn datgelu i Jacob (ac i ninnau) nid yn unig y Duw sy'n addo ond y Duw sydd hefyd yn creu arswyd, yn barnu ac yn clwyfo. Rhaid wynebu pob agwedd ar Dduw os ydym i'w adnobod yn llawn.

Nid yw'n bosibl, ar sail y testun yn unig, i ddod i farn derfynol ar y cwestiwn, ac efallai bod yr amwysedd hwn yn fwriadol ym meddwl yr awdur. Brueggemann sy'n awgrymu fod y nos yn gosod ar y gelynion y mae'n cydwybod yn ymgodymu â nhw rai o nodweddion yr ymgodymydd dwyfol. Y mae ymdrechion cig a gwaed yn medru bod hefyd yn ymdrechion â Duw.

Yn ail, rhaid sylwi ar beth ddigwyddodd i Jacob yn ystod yr ymgodymu. P'un ai â fandal dieithr, ag Esau neu â Duw yr oedd yr ornest hon, Jacob a enillodd (adn. 25). Dyma hynafiad dewr, gwrol a nerthol a oedd yn fodlon dal ati i'r diwedd i gael y trechaf ar unrhyw wrthwynebydd. 'Roedd ganddo'r gallu i wrthwynebu gelyn dynol a'i drechu. Ond gallu i wynebu'r ymgodymydd ***dwyfol*** a'i drechu? Pa fath allu yw hwn? A pha fath Dduw? Dyma wron teilwng yn wir i fod yn un o dadau'r genedl. Ond sylwer nad oedd y fuddugoliaeth hon heb ei phris (gw. adn. 25 eto: *trawodd wasg ei glun*). Y mae gan y gwrthwynebydd di-enw y gallu i glwyfo Jacob a hynny am weddill ei oes (adn. 31-32). Mae cloffni'r hynafiad Jacob yn arwydd oesol nad oes buddugoliaeth heb glwyfo a bod cloffni a chlwyf yn nodweddu'r 'Israel' newydd (adn. 28), fel y gwas dioddefus (Es. 53:3). Y mae pobl ffydd o reidrwydd yn bobl gloff.

Yn drydydd, wedi'r clwyfo mae sgwrs dyngedfennol yn digwydd. Mae Jacob yn gofyn am fendith gan y gwrthwynebydd (gweler y nodyn ar 'bendith' yn yr adran ar 27:1-45). Llwyddiant a ffyniant materol a theuluol mwy, efallai? Ond nid dyna a gafodd. Yn hytrach, cafodd enw newydd (adn. 28, sy'n debygol, yn ôl rhai, o fod yn ychwanegiad i'r stori wreiddiol). Aeth Jacob (sef, *un yn gafael yn ei sawdl*, am mai dyna sut y'i ganwyd, neu, fel y gwelwyd, 'boed i Dduw amddiffyn') yn *Israel* (sef, *un sy'n ymdrechu â Duw*). Ac yn yr enw newydd y mae hunaniaeth newydd yn cael ei ffurfio. Y mae rhywbeth o rym y Duw yr ymdrechodd Jacob ag ef wedi ei drosglwyddo i *Israel* (y person a'r genedl?) yn ogystal â gwendid y cloffni a nodweddai Jacob. Ond sylwer na chafodd Jacob wybod enw yr ymgodymydd (adn. 29). Fel yr awgrymwyd, gall fod yma amwysedd bwriadol. Yn sicr, os â Duw yr ymdrechodd, ni chafodd wybod ei enw, yn wahanol i Moses a gafodd wybod mai 'Ydwyf yr hyn ydwyf' (Ex. 3:14) yw'r un a ddatguddiwyd iddo yn y berth. Ac eto, ar hyd canrifoedd ffydd, dyma'r Duw a fyddai'n cael ei alw yn Dduw Jacob.

Yn olaf, wrth iddo ymadael gyda'r wawr, i groesi rhyd Jabboc, y mae'n rhoi enw newydd i'r fangre hon (ad 30), fel y rhoddodd, ynghynt ar ei siwrnai, enw newydd (*Beth-el*) i'r fan lle cafodd ei freuddwyd (28:10-22), am iddo weld yno 'ddim amgen na thŷ i Dduw...a (ph)orth y nefoedd'. A'r enw newydd yw *Penuel*, yn ôl yr adnod hon (sef, 'wyneb Duw') er bod i 'Peniel' (yr enw a ddefnyddir mewn mannau eraill yn yr Hen Destament) ystyr arall hefyd, sef, trum neu fryncyn. Ond yma cawn Penuel, oherwydd yma, beth bynnag am amwysedd y testun a'r stori, daeth Jacob *wyneb yn wyneb â Duw*.

Ac yn awr, y mae'n barod i fynd ar ei daith i wynebu ei frawd.

33:1-20 **Jacob ac Esau yn cyfarfod**

Pan mae Jacob yn gweld Esau am y tro cyntaf wedi iddo ffoi, y mae'n dal i ymdeimlo â bygythion y sefyllfa, gan fod ei frawd yn dal i fod â chwmni o bedwar cant o ddynion gydag ef. Mae'n glynu at ei strategaeth ddiogelwch, felly, ac yn rhannu'r plant rhwng Rachel a Lea a'r ddwy forwyn, sef, mamau plant Jacob. Y morynion, Bilha a Silpa, a'u plant hwythau a roddwyd ar y blaen – ac, felly, yn y man mwyaf peryglus pe bai Esau yn ymosod arnynt – a Rachel a Lea a'u plant y tu cefn iddynt. Efallai fod hyn yn awgrymu trefn eu blaenoriaeth yn serchiadau Jacob. Ef ei hun, fodd bynnag, a aeth ar y blaen i'r orymdaith deuluol hon.

Mae'n werth sylwi ar nifer o bwyntiau arwyddocaol wrth ddarllen y stori hon. Yn gyntaf, y mae agwedd Jacob a'i deulu yn dra gostyngedig. Yn wir, bron na ellid dweud ei fod yn wasaidd. Drosodd a thro, nodir fod Jacob, ei wragedd a'u morynion wedi ymgrymu gerbron Esau (gw. adn. 3, 6 a 7). Yn wir, y mae Jacob yn ymgrymu o flaen Esau seithwaith wrth iddo ddynesu ato (adn. 3). Rhaid i berson sy'n ceisio cymod ag un a dwyllwyd ganddo wneud hynny gyda gostyngeiddrwydd. Tanlinellir yr agwedd ostyngedig hon gan y modd y mae Jacob yn cyfarch ei frawd. Pum tro yn yr hanesyn hwn y mae'n cyfarch Esau fel *f'arglwydd* (adn. 8, 13, 14 a 15) a thrwy hynny, efallai, yn cydnabod blaenoriaeth Esau, y mab hynaf, yn ogystal â cheisio cydnabod ei fai. Gallai awgrymu hefyd elfen o bellter rhwng y ddau frawd o hyd.

Yn ail, cawn ddisgrifiad byw iawn o groeso twymgalon Esau, croeso sydd ar unwaith yn toddi pob braw ac ansicrwydd a oedd yng nghalon Jacob wrth iddo agosáu at ei frawd. Y mae adn. 4 yn llawn emosiwn: *rhedeg, cofleidio, cusanu, wylo* (darlun y ceir adlais amlwg ohono yn nisgrifiad Luc o ymateb y tad yn nameg 'y mab afradlon', Lc. 15:11-32, gw. adn. 20 yn fwyaf arbennig). Yn Esau, fel yn y tad yn y ddameg, cawn ddarlun o rym y cariad sy'n cymodi, yn cofleidio ac yn cyfanu a thrwy hynny'n llyncu pob gelyniaeth. Dyma'n hatgoffa hefyd o gyfieithiad y *Good News Bible* o'r gair 'cymod' yn 2 Cor. 5:18 (*'God…through Christ changed us from enemies into his friends'*). Y mae maddeuant yng nghalon croeso Esau i'w frawd.

Yn drydydd, y mae Esau yn holi am y *fintai* a ddaeth gyda Jacob. A ydyw'n gweld elfen o fygythiad iddo? Ni chawn wybod hynny ond y mae ateb Jacob i gwestiwn ei frawd (adn. 5) yn ddadlennol: *Dyma'r plant y mae Duw o'i ffafr wedi eu rhoi i'th was*. Gwneir dau bwynt yn ei ateb. Cafodd ffafr gan Dduw: ar waethaf amgylchiadau twyllodrus y fendith, fe gafodd fendith gan Dduw. Ond y mae'n pwysleisio hefyd mai rhodd Duw yw'r teulu sydd ganddo ac y mae'n eu cyflwyno i'w frawd gyda balchder. Mae Westermann (t. 233) yn dwyn sylw at y ffaith nad y gair arferol am fendith, sef, *bārak̲*, a ddefnyddir yn adn. 5 ond *ḥanan*, sef, ffafr maddeugar Duw drwy gydol hanes cythryblus Jacob.

Yn bedwerydd, amcan Jacob oedd ennill *ffafr* ei frawd. Eisoes danfonodd o'i flaen anrhegion hael i Esau (32:13-21) ac amcan y rhain hefyd oedd ennill ei ffafr (32:20). Os yw'r ennill hwn i fod yn gyflawn, rhaid i Esau dderbyn y rhoddion hyn. Ymateb cyntaf Esau oedd dweud nad oedd arno eu hangen (*Y mae gennyf ddigon…* 33:9). Ond ni fyddai Jacob yn sicr ei fod wedi ennill ffafr Esau onibai fod ei frawd yn derbyn y rhoddion a thrwy hynny yn derbyn yn ôl, fel petai, y fendith y twyllodd Jacob ef rhagddi. Ni fyddai'r cymod yn gyflawn nes bod Esau yn bodloni derbyn yn gyflawn y rhodd a oedd yn arwydd o edifeirwch ei frawd. Ni mater o *ddigon* ydyw ond mater o ras rhwng dau frawd. Derbyn yr anrhegion hyn oedd yr unig sicrwydd fod Jacob wedi cael ffafr yng ngolwg Esau: *os cefais ffafr yn d'olwg, cymer fy anrheg o'm llaw* (adn. 10). Ac yn y diwedd, am ei fod yn erfyn arno, y mae'n derbyn yr anrhegion.

Yn bumed, pwysleisir nad rhywbeth rhwng dau frawd yn unig oedd hyn, ond bod Duw ar waith yn y cyfan. Dyna yw ergyd yr elfen nesaf yn ymateb Jacob: *…y mae gweld dy wyneb fel* *gweld wyneb Duw, gan dy fod wedi fy nerbyn.* Gwelodd rhai esbonwyr gyfeiriad yma at yr ymgodymu ym Mhenuel ym mhen. 32. Y mae'r amwysedd y bu inni sylwi arno yn yr hanes hwnnw (sef, ai â Duw neu â'i frawd neu ag ymosodwr anhysbys yr ymgodymodd Jacob) yn cael ei amlygu yma hefyd: y mae Duw ar waith yn y cymodi rhwng y ddau frawd gan fod gweld Esau fel gweld Duw. Y mae'r ddau a fu'n ymgodymu â'i gilydd bellach yn cael eu cymodi â'i gilydd. Fel y nodwyd mewn perthynas â hanes yr ymgodymu, y mae ymdrechion cig a gwaed ym medru troi allan i fod yn ymdrechion â Duw.

Wedi'r cymodi y mae Esau'n cymryd yn ganiataol y byddai ef a Jacob yn mynd ar eu taith gyda'i gilydd. Ond nid dyna ddymuniad Jacob (adn. 12 ymlaen). Digon i Jacob yw gwybod ei fod wedi ei dderbyn gan ei frawd. Felly, y mae'n awgrymu, ar y cyntaf, eu bod mynd ar eu taith i Seir, cartref Esau, yn eu hamser eu hunain (adn. 14) ond yna mae'n penderfynu mai gwell fyddai iddynt ymwahanu, Esau i Seir a Jacob i Succoth ac yna i Sichem (ychwanegiad diweddarach at y testun, yn ôl rhai esbonwyr).

Dychwelodd Esau (a welwyd fel *tad* llwyth Edom, gw. 36:1 ymlaen) i Seir yn y pegwn deheuol, rhanbarth a fyddai'n cael yr enw Edom. Y mae'n amlwg fod Jacob yn ymsefydlu am gyfnod yn Succoth, gan ei fod yn adeiladu tŷ iddo ef a'i deulu a chytiau ('*succoth*') i'w anifeiliaid yno. Dyma danlinellu, felly, fod yr hynafiaid wedi ymgartrefu yng Nghanaan.

Yn ddiweddarach, aeth ymlaen *yn ddiogel* (*šālēm*) i Sichem, yng nghanolbarth Canaan. Y mae ychydig ddryswch yn ar adnodau hyn (adn. 18-20) gan fod yma gyfeiriad at godi tai a chytiau yn Succoth (gan awgrymu nad oedd bellach yn byw bywyd nomadaidd) ac at *wersylla* ar y darn tir a brynodd gan feibion Hamor, gan awgrymu eu bod yn parhau'n nomadiaid. Y tebygrwydd yw mai methiant i gysoni elfennau o wahanol ffynonellau sydd y tu cefn i'r dryswch hwn. Ta waeth am hynny, dywedir i Jacob godi allor yno a'i henwi yn '*El elohe-israel*, sef, '*El* (yr enw am dduw y Canaaneaid), Duw Israel'. Hynny yw, bellach nid *'El* a addolir yng Nghanaan ond Duw Israel. Dyma arwydd arall felly o gychwyn hanes a ffydd newydd yng ngwlad Canaan.

35:1-15 **Duw'n bendithio Jacob ym Methel**

Yn awr, y mae'r stori yn dychwelyd i Fethel (gw. 28:10-22). Caiff Jacob orchymyn gan Dduw i fynd ac aros a chodi allor *i'r Duw a ymddangosodd iti pan oeddit yn ffoi rhag dy frawd Esau* (adn. 1). Rhaid i Jacob, a gododd allor i Dduw pan oedd yn ffoi, yn awr godi allor i'r un Duw yn yr un fangre gysegredig, ac yntau bellach wedi ei gymodi â'i frawd, a holl ogwydd ei fywyd, o ganlyniad, wedi ei newid.

Rhydd Jacob gyfarwyddiadau i'w *deulu a phawb oedd gydag ef* ar gyfer y daith (adn. 2). Paratoadau crefyddol sy'n cael y flaenoriaeth yn yr adroddiad hwn: bwrw ymaith y duwiau dieithr, ymlanhau crefyddol a newid dillad. Er bod ymlyniad Jacob yn yr hanesion blaenorol at Dduw Abraham ac Isaac, ac er iddo godi allor ym Methel i fod yn *dŷ i Dduw* a chodi allor hefyd yn Sichem i *'El-elohe-israel,* sef, Duw Israel, yr oedd rhai, o leiaf, o'i deulu a'r bobl oedd gydag ef yn dal i addoli duwiau Canaan ac heb ildio'u teyrngarwch i Dduw Israel. 'Roedd dychwelyd i Fethel yn gofyn am ymrwymiad newydd a oedd yn cynnwys nid yn unig cael gwared ar y duwiau ond hefyd ymolchi fel cyfrwng ymlanhâd crefyddol a moesol y byddai dillad newydd yn arwydd ohono. (Gellid nodi hefyd fod y paratoadau crefyddol a moesol hyn mewn gwrthgyferbyniad amlwg i'r treisio rhywiol, a'r ymgais i werthu'r tir i Jacob os bodlonai roi ei ferched yn wragedd i Sichem, a ddisgrifir ym mhen. 34 ac a achosodd y fath ddig a dinistr). Paratoadau ar gyfer defod a oedd yn rhan o batrwm crefyddol y patriarchiaid hyn a geir ym mhen. 35, i bob golwg. Gall fod awgrym neu ragflas yn y disgrifiad hwn o'r angen am i bobl Dduw droi cefn ar dduwiau Canaan cyn y gallent etifeddu'r wlad a addawyd iddynt gan

Dduw Abraham, Isaac a Jacob ('Na chymer dduwiau eraill ar wahan i mi' Ex. 20:3). Byddai'n rhaid i'r bobl newydd ddangos ymlyniad newydd i'r un Duw ynghanol holl dduwiau Canaan.

Yr ail gam fyddai mynd ar eu taith. Gwahoddiad i bererindod sydd yma, fel y nododd Westermann (t. 244), ac y mae'r paratoadau yn rhan o'r paratoi ysbrydol ar gyfer y daith. Y mae Jacob yn dwyn ar gof pwy yw'r Duw hwn. Dyma'r Duw a'i gwrandawodd *yn nydd fy nghyfyngder ac a fu gyda mi ar fy nhaith* (adn. 3) fel yr addawodd iddo ym Methel (28:15). Y mae pawb yn ufuddhau ac yn rhoi'r duwiau a'r *modrwyau a oedd yn eu clustiau* (adn. 4), a oedd hefyd ysywaeth yn arwyddion a symbolau crefyddol Canaaneaidd, i Jacob. Y mae yntau yn eu claddu dan y dderwen ger Sichem.

Wedi cwblhau'r paratoadau hyn, ânt ar eu taith. Wedi'r treisio a'r lladd y clywir amdano ym mhen. 34, gallai Jacob a'i feibion a'i dylwyth fod mewn perygl ar y daith o Sichem i Fethel, ond y mae Duw yn ymyrryd i'w hamddiffyn ac yn peri *arswyd mawr ar y dinasoedd o amgylch* (adn. 5). Y mae cyfeiriad tebyg yn Ex. 24:27, lle mae Duw dweud wrth Moses am baratoi ar gyfer taith yr ecsodus: 'Byddaf yn anfon fy arswyd o'th flaen, ac yn drysu'r holl bobl y byddi'n dod yn eu herbyn, a gwnaf i'th holl elynion droi'n ôl.' Disgrifiad von Rad o'r ffenomen hon yw 'parlys neu banig sy'n peri i elynion golli y defnydd symlaf o'u synhwyrau a'u galluoedd a oedd yn eu harwain ar brydiau i ddinistrio'u hunain' (t. 336), ffenomen sy'n gysylltiedig â thraddodiad 'y rhyfel sanctaidd'. Felly, daethant yn ddiogel i Lus, sef, Bethel. Yn awr, y mae'n codi allor yno ac yn enwi'r lle, a enwyd gynt yn Bethel, yn 'El-Bethel (gw. 33:20 am ffurf debyg ar enw mangre cysgredig). Efallai mai'r un yw'r bwriad yma hefyd, sef, pwysleisio bod y fangre a fu'n ganolfan i'r cwlt Canaaneaidd bellach yn fan addoli Duw Abraham a Duw Isaac a ddatguddiwyd yma i Jacob ar ei daith i geisio cymod â'i frawd (adn. 7).

Ar y daith bu farw Debora, mamaeth Rebeca, a oedd yn

oedrannus, y mae'n siwr, erbyn hyn – na chlywir sôn amdani cynt na chwedyn – a chleddir hi dan dderwen islaw Bethel. Ac er mai dyma'r unig gyfeiriad at Debora, y mae'n rhaid ei bod yn rhan werthfawr o fywyd y teulu hwn, oherwydd enwir y dderwen lle y cafodd ei chladdu yn *Alon-bacuth*, Derwen wylofain.

Yn y disgrifiad o'r cyfamod a geir yn adn. 9-15 gwelir llawer o'r elfennau a welwyd hefyd yn y disgrifiadau o'r cyfamod ag Abraham (gw. 17:1 ymlaen). Ymddangosodd Duw *eto* i Jacob, hynny yw, fel yr ymddangosodd iddo o'r blaen ym Methel, a'i fendithio (gair sydd bellach yn gyfystyr â'r addewid, yn hanes yr hynafiaid). Yn gyntaf, caiff Jacob enw newydd, enw y clywsom amdano eisoes ar wefusau'r sawl y bu Jacob yn ymgodymu ag ef (32:27-28). Fe'i gelwir yn *Israel* (sef, un sy'n ymdrechu â Duw neu Duw sy'n ymdrechu). Ond y mae'r penodau dilynol yn parhau i'w alw'n Jacob.

Y mae Duw'n ei ddatguddio'i hun i Jacob fel *'El Shaddai*, sef, Duw Hollalluog, hoff enw'r ffynhonnell offeiriadol am Dduw (a ddefnyddir hefyd yn 17:1, sef, yn yr addewid i Abraham). Y mae'r addewid i Jacob (Israel) yn ailadrodd yr addewid i Abraham (gw. 17:1 ymalen): daw ohono *genedl a chynulliad o genhedloedd…a brenhinoedd*; caiff etifeddu'r wlad a roddodd Duw i Abraham ac Isaac; a bydd ei ddisgynyddion hefyd yn etifeddu'r wlad. Pwysleisir, felly, fod Jacob yn etifedd datguddiad Duw a'i addewid i Abraham. Yn yr hanes fel y mae gennym yn awr, gelwir ar Jacob, sydd eisoes yn dad i un ar ddeg o feibion yn ogystal â merched, i fod yn ffrwythlon ac i amlhau. Bellach, gwireddir hyn yn unig yng ngeni Benjamin, ei fab ieuengaf (gw. adn. 16 ymlaen). Ond bu'n ffrwythlon eisoes ac y mae dyfodol *Israel* yn ddiogel.

Yn adn. 14-15 ceir cyfeiriad arall at enwi'r fangre hon (gw. adn. 7) ond y mae'r manylion yn wahanol yma. Y mae'n codi colofn yno (gw. 28:18) ac, fel yn yr adroddiad blaenorol, yn eneinio'r golofn ag olew ond hefyd yn tywallt *diodoffrwm* arni. Y mae esbonwyr yn dawel ynglŷn â tharddiad ac arwyddocâd y ddefod hon. Ni all Westermann (t. 245) wneud yn well na dweud fod yn rhaid bod rhyw esboniad cwltaidd am y ddefod hon! Ailfynegir hefyd yr enw a roddwyd yn 28:19, sef, *Beth-el*, yn hytrach na'r enw, 'El-beth-el, a geir yn adn. 7.

[Y mae gweddill y bennod hon yn croniclo hanes geni Benjamin a marwolaeth Rachel wrth roi genedigaeth iddo a'i chladdu *ar y ffordd i Fethlehem* (adn. 16-20). Yn adn. 21-22a ceir cyfeiriad at Jacob sy'n defnyddio'i enw newydd am y tro cyntaf. Yna (adn. 22b-26) ceir rhestr o feibion Jacob yn ôl eu mamau a hanes marwolaeth Isaac, tad Jacob ac Esau (adn. 27-29). Diddorol yw nodi fod ei ddau fab yn cydweithio i'w gladdu. Y mae pen. 36 yn cyflwyno rhestr o ddisgynyddion Esau a Seir a brenhinoedd Edom. Er na fedrwn ni roi sylw manwl i'r bennod hon y mae'n werth nodi, o leiaf, ei bod yn pwysleisio nad trwy Jacob a'i ddisgynyddion yn unig y mae Duw yn cyflawni ei bwrpas ac yn gwireddu ei addewid. Y mae Duw hefyd yn Dduw Esau ac y mae hanes ei ddisgynyddion yntau hefyd dan ragluniaeth Duw].

Rhan 4: Hanes yr Hynafiaid: Joseff

Neilltuir gweddill *Genesis* i adrodd stori Joseff. Yn wahanol i'r hanesion blaenorol y mae i'r stori hon gyfanrwydd. Cyfunir hanes teulu a hanes cyfnod gwleidyddol arbennig. Dechreuir gyda chweryl a gorffennir gyda chymod. Cawn yma elfen arall yn hanes hynafiaid Israel sy'n gweithredu fel llinyn sy'n ymestyn o gyfnod yr hynafiaid drwy ymsefydlu a chaethiwed yr Aifft i ryddhad yr ecsodus, y digwyddiad ffurfiannol yn hanes y genedl. O gofio hanes y berthynas rhwng yr Hebreaid a'r Eifftiaid, y mae'n syndod fod y darlun o'r Aifft yn yr adran hon mor gadarnhaol ac anfeirniadol. O'r dechreuadau hyn y tyfodd yr Hebreaid yn yr Aifft nes iddynt gael eu canfod fel bygythiad i Pharo (Ex. 1:7 ymlaen).

Y tebygrwydd yw fod y stori wedi ei llunio yn ystod cyfnod dechreuadau'r frenhiniaeth. Cawn yma, felly, gwlwm arall, rhwng cyfnod teuluoedd yr hynafiaid a chyfnod y frenhiniaeth. Yn wir, y mae Brueggemann yn awgrymu (t. 295) fod holl gwestiwn grym gwleidyddol y tu ôl i'r hanes hwn. Sut mae ymerodraeth fawr a grymus fel yr Aifft i ddelio ag argyfwng newyn? Estron o blith pobl ddinod Israel sy'n codi i fod yn arweinydd doeth a deallus. Dyma ddameg bwysig, felly, ar gychwyn cyfnod y frenhiniaeth – ac ym mhob cyfnod – am berthynas grym a gwendid yn realiti gwleidyddiaeth ryngwladol. Nid ar ochr y byddinoedd mawr (y *'big batallions'*) y mae'r weledigaeth a'r ddoethineb i ennill y dydd bob amser! Cyflwynir Joseff fel esiampl dda o rywun sy'n cyflawni tasg wleidyddol ac economaidd, yn wyneb argyfwng newyn, gyda ffyddlondeb ac onestrwydd, ac yn defnyddio'i safle a'i ddylanwad er lles ac er daioni.

Ond awgrymwyd hefyd fod cwestiwn arall y tu cefn i'r stori hon, sef, yng ngeiriau Brueggemann (t. 288): sut mae sôn am ffydd mewn sefyllfa lle mae'r hen ffyrdd bellach yn annigonol? Nid ar y wyneb y mae diwinyddiaeth yr hanes hwn. Yn hytrach rhaid darllen rhwng y llinellau, fel petai, i ddarganfod y sicrwydd fod Duw ar waith mewn ffyrdd dirgel yn a thrwy hynt a helynt hanes y byd. Daw datganiad diwinyddol pennaf yr hanes hwn yn 50:20 lle mae Joseff yn cyhoeddi i'w frodyr fod Duw wedi troi eu bwriad drygionus hwy yn erbyn Joseff yn ddaioni. Ond yma ac acw yn yr hanes ceir tystiolaeth i'r gred sylfaenol mai llaw Duw sydd wedi llywio'r cyfan (gw. 39:1-6, er enghraifft). Gelwir ar bobl Dduw i fyw rhwng y freuddwyd a gwireddu'r freuddwyd drwy'r Duw sydd ar waith drwy 'ddirgel ffyrdd...yn dwyn ei waith i ben'.

37:1-11 **Joseff a'i freuddwydion**

Y mae'r stori yn dechrau yng Nghanaan, lle'r oedd Jacob yn byw gyda'i deulu. Disgrifir yr adran hon gan yr awdur ei hun fel *hanes tylwyth Jacob* (adn. 2). Nid yw'r hanes amdano yn dechrau'n addawol! Crwt ifanc yn ei arddegau ydyw yw cario straeon am ei hanner brodyr, meibion Bilha a Silpa. Ef oedd hoff fab ei dad a gwnaeth *wisg laes* ('siaced fraith' yr hen Feibl Cymraeg), a oedd yn arwydd o safle uchel, yn rhodd iddo (adn. 3). Nid yw ffefryn byth yn boblogaidd ac felly rhoddodd ei frodyr *eu cas* ar Joseff (adn. 4). Y mae Westermann yn nodi (t. 263) nad ymdeimlad a olygir yma ond gweithred. 'Roedd y brodyr yn benderfynol o weithredu yn erbyn eu brawd. Y mae gweddill y stori yn troi o gwmpas y casineb gweithredol hwn. Dyma fydd cyd-destun y stori am gyflawni addewid Duw i Jacob trwy ei fab Joseff.

Caiff Joseff freuddwyd, y gyntaf o nifer a fyddai'n

dylanwadu'n greiddiol ar yr hanes hwn. Nid oedd yn freuddwyd a oedd yn debygol o ennyn serch ei frodyr ato gan ei fod wedi gweld un o'i ysgubau yn sefyll ynghanol y maes ac ysgubau ei frodyr yn mynd yn gylch o'i chwmpas ac yn ymgrymu i'w ysgub ef (adn. 6-7). Nid oedd angen iddo ddehongli'r freuddwyd hon gan fod y pwynt yn ddigon amlwg. Mae'r brodyr, felly, yn ei herio: *A fyddi di'n arglwydd arnom ni?* (adn. 8). Byddai hynny, wrth gwrs, yn gwyrdroi trefn hynafiaeth. Y mae'r hen drefn dan fygythiad drwy'r llanc ifanc sy'n ymddangos iddynt yn haerllug. Dyma ddyfnhau eu casineb. Gwnaeth breuddwyd arall y berthynas yn waeth fyth. Y tro hwn gwelodd *yr haul a'r lleuad* (ei rieini?) *ac un seren ar ddeg* (sef, nifer ei frodyr ar y pryd) yn ymgrymu iddo (adn. 9).

Cawn ein dwyn ar unwaith, felly, i galon pwnc pennaf yr hanes am Joseff. Breuddwyd yw hon am natur grym a llywodraeth, a hynny yn y mannau annisgwyl ymhlith pobl annisgwyl. Gweledigaeth sy'n herio'r drefn yw hon. Ond tra bod y brodyr yn cenfigennu, cadw'r freuddwyd *yn ei gof* a wna Jacob, heb weithredu yn ei erbyn. Er iddo ei geryddu (adn. 10), efallai bod Jacob wedi gweld yn y breuddwydion hyn arwyddion o bosibiladau newydd.

37:12-36 **Gwerthu Joseff a'i gymryd i'r Aifft**

Beth bynnag am y breuddwydion, hyd yma yn nwylo'i frodyr yr oedd y grym am y tro. Caiff Joseff ei ddanfon gan ei dad i holi am hynt ei frodyr (adn. 13). Wedi cyrraedd Sichem, mae'n cael sgwrs â dieithryn sy'n ei gyfeirio ymlaen i Dothan (adn. 17). Mae'r brodyr yn ei weld o bell, yn ei adnabod fel *y breuddwydiwr hwnnw* (adn. 19) ac yn cytuno i weithredu eu cynllwyn i'w ladd, ac esgus mai *anifail gwyllt oedd wedi ei ddifa*. Y tu ôl i'r cynllwyn y mae bygythiad y breuddwydion, oherwydd amcan lladd eu brawd yw gweld *beth a ddaw o'i freuddwydion* (adn. 20). Dyma brawf pellach o bwysigrwydd breuddwydion Joseff yn rhediad yr hanes hwn. Maent yn ganolbwynt yr hanes ond hefyd yn gosod gorwelion ar gyfer datblygiad y stori hon. Dyma weledigaeth sy'n cynhyrfu. Y mae'r hyn sydd yn addewid i'r genedl, yn fygythiad i'r brodyr. Bu felly erioed yn hanes rhai sy'n breuddwydio breuddwydion ac yn gweld gweledigaethau! Eu tynged, hyd yn oed heddiw, yw cael eu bygwth a'u lladd, gan rai sy'n meddwl y bydd hynny'n difa'r freuddwyd. Dyma dynged Joseff. Ond nid yw'r cynllun yn llwyddo oherwydd y mae Reuben, y mab hynaf, yn ymyrryd ac yn gwneud awgrym gwahanol (adn. 21-22). Yr argraff y mae'n ei roi yw mai gwell fyddai ei adael i farw mewn pydew na'i ladd a'i daflu i'r pydew. Ond bwriad Reuben yw dod yn ôl i'w achub a'i ddwyn at Jacob. Ond ar awgrym Jwda, cytunant i werthu Joseff i gwmni o Ismaeliaid ar daith fasnachol o Gilead i'r Aifft (adn. 25-28), masnach y mae cryn dystiolaeth iddi. Yn sydyn, y mae cydymdeimlad yn gafael yn y brodyr: *peidiwn â gwneud niwed iddo, oherwydd ein brawd ni a'n cnawd ydyw* (adn. 27). Ond daw marchnatwyr o Midian heibio, codant Joseff o'r pydew a hwythau, yn hytrach na'i frodyr, sy'n ei werthu i'r Ismaeliaid. Felly, pan ddaw Reuben yn ôl at y pydew i achub Joseff y mae wedi diflannu. Mae'r brodyr i gyd yn trochi gwisg Joseff mewn gwaed gafr ac yn mynd â hi at eu tad (adn. 31 ymlaen). Y mae yntau yn adnabod y wisg, yn credu fod anifail wedi lladd ei fab ac yn galaru ar ei ôl am amser hir (adn. 34).

Credai'r brodyr eu bod wedi llwyddo, trwy eu twyll, i drechu'r breuddwydiwr a'i freuddwyd. Credai Jacob fod y freuddwyd wedi ei difa. Felly, bydd yn galaru hyd ei fedd (adn. 35). Ni wyddai fod Joseff ar ei ffordd i'r Aifft, ac wedi ei werthu i Potiffar, swyddog Pharo. Caethwas ydyw ac nid yw'n rhydd ond, o leiaf, nid yw ef, na'i freuddwydion, wedi eu lladd. A dyna'r llwyfan wedi ei osod ar gyfer y cyfan y byddai'r ecsodus yn ei olygu yn hanes y bobl hyn.

39:1-23 **Joseff a gwraig Potiffar**

(Y mae pen. 38 wedi adrodd hanes Jwda, brawd Joseff, a Tamar, stori a ddisgrifir gan Brueggemann fel un 'enigmataidd' am berthynas, priodas a phuteindra. Nid oes a wnelo'r bennod honno â hanes Joseff. Felly, ni roddir sylw i'r stori hon yn y gyfrol hon).

Daw pen. 39 â ni yn ôl at Joseff a'i ffyniant rhyfeddol yn yr Aifft. Ailadroddir y wybodaeth fras a roddwyd yn 37:36 am werthu Joseff i Potiffar, un o swyddogion Pharo oedd yn bennaeth y gwarchodwyr. Gosodir y cyfnod hwn yn hanes Joseff yng nghyd-destun rhagluniaeth Duw: *Bu'r Arglwydd gyda Joseff* (adn. 2, gw. adn. 3 a 5). Duw sydd y tu ôl i'w lwyddiant, safbwynt sy'n gyffredin, fel y gwelsom, yn hanes yr hynafiaid. Yn ôl Brueggemann (t. 316), dyma ddatganiad allweddol yr holl hanes hwn: Duw sy'n llywio tynged y cenhedloedd, gan gynnwys ymerodraeth yr Aifft. Dylid sylwi hefyd fod Duw Israel gyda Joseff ar dir estron yr Aifft. Y mae ei lwyddiant yn creu argraff dda ar Potiffar, sy'n dirnad drosto'i hun mai'r Arglwydd a oedd yn ei lwyddo, ac y mae'n ei benodi'n arolygydd ar ei dŷ ac ar ei holl eiddo. Daw llwyddiant oddi wrth Dduw i Potiffar *er mwyn Joseff* (adn. 5). Am fod Duw gyda Joseff ac yn ei lwyddo, ac am fod Duw am weld Joseff yn ffynnu mewn ymerodraeth sy'n ffynnu, daw'r llwyddiant hwn i Potiffar *er mwyn Joseff*. Felly, gall Potiffar ymddiried popeth iddo (adn. 6).

Ond yn niwedd adn. 6, wedi gosod cefndir safle freiniol Joseff yn yr Aifft, mae'r stori'n cymryd cyfeiriad newydd. Gan fod Joseff yn ddyn *golygus a glân* y mae gwraig Potiffar yn rhoi ei bryd ar Joseff ac yn ei wahodd i gael cyfathrach â hi. Dyma'r un sydd yn perchnogi Joseff ac mewn awdurdod drosto yn ceisio defnyddio un sydd, er pwysiced ei safle yn y llys, yn dal i fod yn gaethwas. Y mae hi'n ymddwyn mewn modd sydd, mwy na thebyg, yn nodweddiadol o foesoldeb yr ymerodraeth. Ond y mae Joseff yn ymateb mewn modd sy'n nodweddiadol o un sydd o dan awdurdod mwy, sef, awdurdod Duw. Ni all Joseff dwyllo'r meistr sy'n ymddiried ynddo ond, ac y mae hyn yn bwysicach fyth iddo, ni all fod yn anufudd i Dduw, gan y byddai cael cyfathrach â hi yn golygu *pechu yn erbyn Duw* (adn. 9).

Fel y mae von Rad yn ein hatgoffa (t. 365), 'roedd godineb yn cael ei gondemnio'n gryf yn Israel. Y mae'r Deg Gorchymyn, y Côd Sancteiddrwydd a Deuteronomium yn ei gondemnio. Yr unig gosb oedd dienyddiad. Fel y gwelwyd yn hanes yr hynafiaid nid oedd patrwm priodas yn y cyfnod hwnnw yn cyfyngu gŵr i un wraig ond nid oedd gan wraig yr un rhyddid a 'roedd ffyddlondeb i'w gŵr yn ofynnol iddi. Byddai'r sawl a fyddai'n achos iddi dorri'r rheol briodasol hon hefyd dan gondemniad y gyfraith. 'Roedd hyn oll yn fater nid yn unig i'r unigolion eu hunain ond i'r gymuned gyfan. Y mae'r cyfan hyn yn gefndir i'r hanes hwn am safiad penderfynol Joseff ac yn creu gwrthgyferbyniad grymus rhwng arfer yr ymerodraeth a moesoldeb uwch y Torah. Dyma esiampl i gyfnod diweddarach gan rywun a oedd yn benderfynol o fod yn ufudd i ewyllys Duw.

Parhaodd Joseff i lynu at ei egwyddor, oherwydd er i wraig Potiffar grefu arno beunydd, gwrthod a wnaeth bob tro (adn. 10). Hyd yn oed pan geisiodd ei orfodi drwy ei ddal *gerfydd ei wisg* (adn. 12) y mae Joseff yn llwyddo i ddianc ond yn gadael ei wisg ar ôl. Ac y mae hyn yn rhoi cyfle iddi greu sefyllfa ddramatig er mwyn iddi fedru amddiffyn ei hunan. Rhydd y clogyn ei chyfle iddi i geisio cael y gorau dros Joseff ac y mae'n creu stori ffug y mae ei gweision a'i gŵr yn ei chredu. Calon ei stori yw ei siarad israddol am Joseff: *Y mae* [Potiffar] *wedi dod â Hebrëwr atom i'n gwaradwyddo* (adn. 14; gw. adn. 17). Y mae'r un a ymddiriedodd Potiffar yn llwyr ynddo yn cael ei gyhuddo o ddwyn gwaradwydd arnynt oll ac o gael cyfathrach â hi. Dylid nodi fod cryn drafod wedi bod ymhlith ysgolheigion am union ystyr y term *Hebrëwr* neu *Hebreaid*. Y mae archaeoleg wedi dangos fod Hebrewyr mewn gwledydd fel Babilon ac Asyria yn ogystal ag ym Mhalesteina ac nad oedd y term, yn wreiddiol, yn debygol o fod yn ddisgrifiad o bobl o lwyth neu genedl arbennig ond yn hytrach yn derm am y bobl israddol a di-statws yn y gymdeithas. Y mae'r cyhuddiad (hollol ffals, wrth gwrs) yn erbyn Joseff, felly, yn awgrymu nad oedd ei ymddygiad – ar waethaf ei safle aruchel yn y llys – ddim gwell na chaethwas israddol, cyffredin.

Caiff ei garcharu (adn. 20) a hynny am iddo fynnu glynu wrth orchymyn Duw yn hytrach nag ildio i foesoldeb yr ymerodraeth. Ond unwaith eto, daw unplygrwydd cwbwl ddibynadwy Joseff i'r wyneb ac y mae ceidwad y carchar, fel Potiffar gynt (adn. 6), yn ei weld fel un y gallai ymddiried yn llwyr ynddo (adn. 21-23). Nid oedd y naill na'r llall yn gorfod *pryderu am ddim a oedd dan ofal Joseff*. Unwaith eto tanlinellir y rheswm dros yr unplygrwydd a'r gonestrwydd hwn: yr oedd *yr Arglwydd gydag ef ac yn ei lwyddo...* Y mae holl gymeriad Joseff wedi ei saernïo drwy ragluniaeth y Duw sydd gyda'r un sy'n etifedd yr addewid i Abraham, Isaac a Jacob. Ond fe ddigwydd hynny ynghanol realiti gwleidyddol a hanesyddol yr ymerodraeth y mae'n gaethwas ynddi. Yn y frwydr rhwng ufudd-dod i Dduw a'i brofiad o'r ymerodraeth y caiff unplygrwydd ei gymeriad ei ffurfio a'i amlygu. Yng ngeiriau Brueggemann (t. 319), y mae realiti bywyd a realiti ffydd yn gorfod bod mewn perthynas â'i gilydd.

40:1-23 **Dehongli breuddwydion yn y carchar**

Breuddwydion Joseff am ddyfodol ei berthynas â'i frodyr a fu'n achos yr elyniaeth rhyngddo a hwy (37:5 ymlaen). Yma cawn Joseff yn dehongli breuddwydion dau o brif swyddogion Pharo a oedd yn y carchar gydag ef. Ym mhen. 41 cawn Joseff yn dehongli breuddwyd Pharo am dynged yr ymerodraeth mewn cyfnod o argyfwng. Y mae breuddwydion, felly, yn ganolog i'r rhan hon o *Genesis*. Y maent yn achos cynnen, yn datgelu rhywbeth o ddirnadaeth a gweledigaeth Joseff, yn cyfrannu at ei safle oddi fewn i'r ymerodraeth ac yn agor gorwelion y dyfodol. Y maent, felly, yn gyfryngau bygythiad ac addewid. 'Roedd breuddwydion a dehongli breuddwydion yn bwnc pwysig yn yr hen fyd ac adlewyrchir y traddodiad hwn yma. Wrth ddehongli'r hanesion hyn, fodd bynnag, dylem osgoi ein dealltwriaeth gyfoes ni o bwysigrwydd breuddwydion fel, ym marn Freud, er enghraifft, cyfryngau i ail-fyw a deall agweddau o'n gorffennol a wthiwyd gennym i'r is-ymwybod. Edrych tuag at y dyfodol a wna'r breuddwydion hyn ac nid dadansoddi'r gorffennol.

Y mae Brueggemann (t. 323) yn awgrymu mai cyfryngau yw'r breuddwydion yn stori Joseff i wasanaethu diben uwch, sef, datgelu'r freuddwyd fawr am ddyfodol newydd Duw i'w bobl. Gyda hyn mewn golwg, awgryma ymhellach fod iddynt dair agwedd ddiwinyddol bwysig. Yn gyntaf, y mae Duw a'i ewyllys yn ganolog iddynt, y Duw sy'n gwybod ac yn llywio'r dyfodol. Yn ail, y maent yn gyfryngau cyhoeddi newyddion am bosibiliadau newydd Duw ac felly'n gyfryngau newyddion da. Yn olaf, y maent yn eschatolegol, hynny yw, yn sôn am bwrpas Duw ar gyfer y dyfodol a'i fwriad i gyflawni ei bwrpas yn a thrwy Joseff a realiti hanes yr ymerodraeth. Hynny yw, y maent yn tystio i obaith.

Yn y breuddwydion a geir ym mhen. 40 nid cynnwys y breuddwydion eu hunain sy'n fwyaf arwyddocaol yn gymaint â rôl Joseff yn eu dehongli a'r cadarnhad fod ei ddehongliad wedi ei wireddu.

Y mae dau o swyddogion Pharo, y *pen-trulliad* (oedd yn gyfrifol am gyflenwi gwin iddo) a'r *pen-pobydd*, yn troseddu yn erbyn eu meistr ac y mae yntau'n penderfynu eu carcharu yn y ddalfa lle mae Joseff wedi'i gaethiwo. Caiff Joseff, yr oedd ceidwad y carchar yn ymddiried yn llwyr ynddo, ei orchymyn i ofalu amdanynt a gweini arnynt. Y mae'r un a oedd yn goruchwylio (39:22-23) yn mynd yn was bach (40:4) i'r ddau swyddog. Caiff y ddau ohonynt freuddwyd, gwahanol i'w gilydd, a'u gwnaethant yn ddi-hwyl erbyn y bore (adn. 6) a hynny am nad oedd neb i ddehongli eu breuddwydion (adn. 8). Gall breuddwydion ein corddi a'n brawychu, yn enwedig pan ymddengys eu bod yn datgelu rhywbeth am ein dyfodol a'n tynged.

Mae ymateb Joseff yn ddiddorol: *Onid i Dduw y perthyn dehongli?* (adn. 8). Y mae'r caethwas hwn sydd yno i weini arnynt yn gwneud y pwynt diwinyddol fod dehongli breuddwydion yn un o roddion Duw yn hytrach na'n gelfyddyd ddynol. Gan mai yn nwylo Duw y mae'r dyfodol, yn nwylo Duw hefyd y mae'r ddawn i ddehongli'r dyfodol. Y mae ymateb Joseff yn awgrymu ei fod yn sylweddoli fod Duw wedi ei ddonio ef i ddehongli breuddwydion ac felly y mae'n gwahodd y ddau swyddog: *Dywedwch yn awr i mi.* Hyd yn oed yn y ddalfa, darlunnir Joseff fel un sydd ganddo'r ddawn bwerus oddi wrth Dduw i ddirnad ac esbonio dyfodol yr ymerodraeth y mae yn gaethwas ynddi, ac felly i fod yn gyfrwng dehongli rhagluniaeth Duw.

Y mae'r ddau swyddog yn derbyn ei wahoddiad ac yn disgrifio'u breuddwydion, un am winwydden yn dwyn ffrwyth (adn. 9-11), a'r llall am gawell o fara sy'n cael ei ddifa gan adar (adn. 16-17). Y maent yn freuddwydion syml a'r dehongliadau yn amlwg. Byddai'r pen-trulliad yn cael ei swydd yn ôl ac yn gwasanaethu Pharo fel cynt (adn. 12-13) ond byddai'r pen-pobydd yn colli ei ben drwy ei grogi a'r adar yn bwyta ei gnawd (adn. 18-19). Ymhen tridiau, yn ystod gwledd i ddathlu penblwydd Pharo, gwireddir y dehongliadau: adferir y pen-trulliad a chrogir y pen-pobydd. Y mae'r term *codi dy ben* (adn. 13 ac 19) yn cyfeirio at yr arfer o gael carcharorion i benlinio a phlygu pen o flaen Pharo a bod Pharo yn codi eu pen er mwyn rhoi ei ddyfarniad. Yn yr ail achos yn y stori hon, aiff *codi* yn golli!

Gellid gwneud dau bwynt yn wyneb y stori hon. Yn gyntaf, y

mae'r hyn a ddigwyddodd i'r ddau swyddog yn cadarnhau'r hyn a ddywedir am Joseff, sef, ei fod, mewn gwirionedd, wedi ei ddonio gan Dduw i ddehongli breuddwydion, dawn a ddaw i'w hanterth yn y bennod nesaf pan fydd tynged yr ymerodraeth ei hun yn y fantol. Yn ail, gwelwn, am y tro cyntaf, ddigalondid Joseff am ei fod yn garcharor. Ar bwys ei wasanaeth i'r pen-trulliad, y mae'n apelio ar hwnnw i gofio amdano a chrybwyll amdano wrth Pharo (adn. 14), fel y gall gael ei ryddhau. Y mae'n sôn am gael ei *gipio* (term sy'n awgrymu gweithred anghyfreithlon) *o wlad yr Hebreaid* (cymal sy'n awgrymu nid yn gymaint ei fod yn perthyn i haen israddol o gymdeithas [gw. y sylwadau ar 39:14 uchod] ond i genedl neu lwyth arbennig, amwysedd sy'n nodweddiadol o'r defnydd o'r term hwn). Y mae hefyd yn pledio ei fod yn ddieuog ac nad yw'n haeddu ei garcharu (adn. 15). Ond tristwch y sefyllfa yw bod y pen-trulliad, ar waethaf cymwynas Joseff iddo, yn anghofio'i apêl. Tanlinellir siom yr anghofio hwn: *Ni chofiodd am Joseff...ond anghofio'n llwyr amdano* (adn. 23). Efallai bod y geiriau hyn wedi eu bwriadu i fod yn adlais o'r geiriau a oedd yn achos trychineb mwyaf yr Hebreaid yn yr Aifft pan ddaeth Pharo newydd i lywodraethu ar yr ymerodraeth 'nad oedd yn gwybod am Joseff' (Ex. 1:8) na natur ei gyfraniad creiddiol i'r ymerodraeth. Gall yr anghofio hwn gael canlyniadau trychinebus: gall arwain at 'adfyd' a 'doluriau' (Ex. 3:7).

41:1-37 **Dehongli breuddwydion Pharo**

Y mae dwy flynedd yn mynd heibio ac y mae Pharo ei hun yn breuddwydio. Yr un cymeriadau sydd yn yr hanes hwn ag yn y bennod flaenorol: Pharo ei hun, y pen-trulliad a Joseff. Y mae tair elfen i'r hanes: breuddwydion ac argyfwng Pharo (adn. 1-8), cofio am Joseff (adn. 9-13), dehongliad Joseff a'i gyngor i Pharo (adn. 14-36).

Fel llawer breuddwyd, y mae breuddwydion Pharo yn

rhyfeddol ac annhebygol. Yn y gyntaf, y mae Pharo yn sefyll ar lan yr afon Neil ac yn gweld saith o wartheg *porthiannus a thew* (adn. 2) sy'n codi o'r afon ac yn cael eu bwyta gan saith o wartheg *nychlyd a thenau* (adn. 3) sy'n eu dilyn. Yn yr ail freuddwyd, y mae *saith dywysen denau* (adn. 6) yn llyncu *saith dywysen fras a da* (adn. 5). Pan ddihuna, sylweddola Pharo fod ystyr i'r breuddwydion hyn ac, er nad yw'n eu deall, y mae'n cael ei gynhyrfu ganddynt (adn. 8), am ei fod, mae'n siwr, yn sylweddoli fod ynddynt neges am ei ddyfodol ef a thynged yr ymerodraeth. Ar unwaith darlunnir Pharo nid fel rhywun sydd mewn rheolaeth dros ddyfodol ei ymerodraeth ond fel person sydd dan ormes ei freuddwydion a'i hunllefau. Y mae breuddwydion sy'n datgelu dyfodol gwahanol yn medru siglo sylfeini gwareiddiad. Dyma sy'n cael ei fygwth yma. Gwnaed ei argyfwng yn waeth pan ddeallodd nad oedd *holl ddewiniaid a doethion yr Aifft* yn medru dehongli ei freuddwydion. Yn wyneb cyfoeth diwylliant, celfyddyd a gwyddoniaeth yr ymerodraeth, lle'r oedd dehongli breuddwydion yn arbenigedd pwysig, 'roedd y methiant hwn yn fygythiad a phryder gwirioneddol. A ydyw adnoddau'r ymerodraeth yn ddigonol i gyfarfod â gofynion y dyfodol? Dyma'r cwestiwn tyngedfennol.

Yna y mae'r pen-trulliad, sy'n agos at Pharo ac yn cael clywed am ei bryderon, yn *cofio* nid yn unig am Joseff (gw. 40:23) ond hefyd am y bai o'i anghofio ac esgeuluso ei addewid iddo (adn. 9). Yr argyfwng sy'n sbarduno'i gof ac y mae'n adrodd hanes y carchar wrth Pharo, gan ddweud wrtho fod *llanc o Hebrëwr* (adn. 12) wedi dehongli ei freuddwydion ef ac eiddo'r pen-pobydd, a bod y dehongliadau wedi bod yn gywir (adn. 13). Felly mae Pharo yn anfon am Joseff o'i gell i'r llys. Y mae'r carcharor a fu unwaith yn *arolygydd ar holl dŷ... a holl eiddo...* Pharo (39:4) yn eillio ac *yn newid ei ddillad* (adn. 14) fel arwydd o barch at yr un a oedd ag awdurdod drosto a thros yr ymerodraeth o hyd.

Yn ei gais i Joseff, nid yw Pharo wedi sylweddoli fod dawn

Joseff o fath gwahanol i ddoniau dewiniaid aneffeithiol ei ymerodraeth. Ond y mae Joseff y egluro. *Nid myfi* [sydd â'r ddawn i ddehongli]; *Duw a rydd ateb ffafriol i Pharo* (adn. 16). Dyma ail-adrodd ei ateb i'r pen-trulliad yn y carchar: *Onid i Dduw y perthyn dehongli?* (40:8). Nid yw Joseff yn ddim ond cyfrwng yn llaw Duw. Nid doethineb ddynol sydd ar waith yma.

Wrth iddo adrodd ei freuddwydion wrth Joseff daw mwy o'r manylion i'r golwg. Yn ei freuddwyd, 'roedd yn sefyll ar lan yr afon Neil (adn. 17). Dyma'r afon hiraf yn y byd a'i chwrs o 4,187 milltir yn llifo drwy wledydd gogledd Affrica ac yn arllwys i Fôr y Canoldir ar arfordir yr Aifft. Yng nghyfnod y Pharo, fel yn awr, creodd drai a llanw'r afon hon yng ngwlad yr Aifft, *delta* sy'n 120 milltir o led yn y man mwyaf llydan, lle'r oedd tir ffrwythlon a oedd yn ffynhonnell dymhorol o faeth i'r ymerodraeth bwerus hon. 'Roedd bywyd yr Aifft yn dibynnu i raddau helaeth iawn ar yr afon hon. Ar lan yr afon hon, a oedd yn arwydd grymus o rym a ffyniant yr ymerodraeth, y safodd Pharo yn ei freuddwyd. Byddai darllenwyr cyntaf yr hanes hwn wedi gweld arwyddocâd y lleoliad i dynged yr ymerodraeth! Yn yr union fan a oedd yn ffynhonnell ffyniant ac, felly, grym, yr ymerodraeth, y cafwyd gweledigaeth o argyfwng economaidd a fyddai'n ei siglo i'w sylfeini.

Rhoddai hyn arwyddocâd arbennig iawn i'r darluniau pwerus o wartheg tenau yn bwyta'r gwartheg porthiannus a'r tywysennau main yn llyncu'r tywysennau da, a hynny yn y naill achos a'r llall, heb i'r gwan elwa mewn unrhyw fodd o fwydo ar y grymus: 'roedd y gwartheg tenau'n dal yn denau (adn. 21)! Wrth adrodd ei stori, y mae Pharo hefyd yn pwysleisio cyflwr truenus y gwartheg tenau: *ni welais rai cynddrwg yn holl dir yr Aifft* (adn. 19). Deuai ergyd y geiriau hyn yn glir pan fyddai'r dehongliad wedi ei gyflwyno.

Nid oes gan Joseff unrhyw amheuaeth am ystyr y breuddwydion (*Un ystyr sydd...*, adn. 25). Ar gychwyn ei ddehongliad y mae Joseff yn pwysleisio nad yw awenau'r ymerodraeth na'i thynged bellach yn nwylo Pharo (*Y mae Duw wedi mynegi...yr hyn y mae am ei wneud*). Y mae Duw Joseff ar waith yn yr ymerodraeth. Wrth i'r dehongliad gymryd ei gwrs, pwysleisir y credo hwn drosodd a thro: *y mae Duw wedi dangos* (adn. 28); 'roedd y digwyddiadau *yn sicr gan Dduw* a 'roedd Duw *ar fin eu cyflawni* (adn. 32). Yn natblygiad pellach yr hanes yn yr adran nesaf, adleisir y gwirionedd hwn yng nghwestiwn Pharo ei hun: *A fedrwn ni gael gŵr...ag ysbryd Duw ynddo?* (adn. 38). Yng ngeiriau Brueggemann (t. 331), 'Duw, ac nid grym brenhinol na chynllunio ymerodrol, a fydd yn achosi'r dyfodol... yn rhoi bywyd ac yn dwyn marwolaeth... Y mae gan y Duw hwn y gallu i greu newydd-deb.'

Rhybudd am gyfnodau o saith mlynedd o lawnder a saith mlynedd o newyn yw'r ddwy freuddwyd (adn. 26 ymlaen). Dyma lle mae arwyddocâd diffyg effaith bwyta'r gwartheg porthiannus ar y gwartheg tenau (adn. 21) yn dod yn amlwg: *difethir y wlad gan y newyn ac* ***ni fydd ôl y llawnder*** *yng ngwlad yr Aifft o achos y newyn hwnnw...* (adn. 30-31). Ni fyddai unrhyw ffyniant economaidd yn achub yr Aifft rhag effeithiau enbydus y newyn a oedd i ddod ar ei gwarthaf.

Yn wyneb y rhybuddion hyn, rhaid gweithredu i geisio arbed yr Aifft rhag yr effeithiau gwaethaf. Felly, dyma gynnig rhaglen economaidd ymarferol (adn. 33 ymlaen): Dewis rhywun i'w osod ar wlad yr Aifft (adn. 33) a/neu gosod arolygwyr (adn. 34) dros y wlad (gweler yr adran nesaf am ddadansoddiad pellach o hyn); cadw yn ôl bumed ran o'r cnwd dros y saith mlynedd nesaf (adn. 34, cymh.adn. 35, sy'n sôn am gasglu'r holl gnwd a'i ailddosbarthu); dylai Pharo gymryd awdurdod dros y cnydau i'w ddwylo'i hunan; dylid cadw'r ŷd yn y dinasoedd, lle byddai, mae'n debyg, yn fwy diogel na phe byddai allan yn y wlad; gellid wedyn ei ddosbarthu pan fyddai ei angen. Mae tystiolaeth helaeth fod storio grawn mewn ystordai cyhoeddus yn arfer cyfarwydd yn yr Aifft ond yn anghyfarwydd i'r Hebreaid. Gyda llaw, tybir fod yr anghysonderau ym manylion y rhaglen hon yn tarddu o'r ffaith bod dwy ffynhonnell wedi cyfrannu at y testun hwn, y ffynhonnell Iahwaidd a'r ffynhonnell Elohistaidd. Fodd bynnag, y mae'r egwyddorion canolog yn glir: sicrhau arolygiaeth gyfrifol, dan awdurdod Pharo, dros y cnwd a sicrhau ei fod yn cael ei storio a'i ddosbarthu'n deg a doeth.

Rhaid cadw mewn cof mai cyflwyno a gweithredu ewyllys Duw yw amcan Joseff (gw. y sylwadau ar adn. 25). Yn wyneb hynny, gwneir pwynt pwysig, rhwng y llinellau, fel petai, wrth iddo gyflwyno'r rhaglen waith hon. Nid yw Duw yn cyflawni gwyrthiau drwy ymyrryd yn uniongyrchol ym myd ymerodraethau a brenhinoedd. Yn hytrach, y mae'n dewis cydweithwyr i fod yn gyfryngau cyflawni posibiliadau newydd yng nghanol hynt a helynt, grym a gwendid, gwledydd a'u harweinwyr. Dyma a fyddai'n digwydd drwy Moses (Ex. 3:10). Felly y mae yn hanes yr Aifft. Fe fydd *yr hyn y mae* [Duw] *am ei wneud* (adn. 25) yn cael ei gyflawni pan fydd Pharo yn boddloni i fod yn ufudd yn y dasg o wneud y newydd yn bosibl.

41:37-57 **Joseff yn Rheolwr yr Aifft**

Mae Pharo yn derbyn cyngor Joseff (adn. 37) ac yn sylweddoli mai'r cam allweddol fyddai penodi arolygwr cymwys (adn. 38, gw. hefyd adn. 33). Nid oes ganddo amheuaeth pwy ddylai ei benodi i'r swydd uchel a chyfrifol hon. Y mae'n rhannu ei farn â'i weision (adn. 38), swyddogion, mae'n debyg, fyddai'n gweithredu rhai o'r cynlluniau y byddai'r arolygwr doeth yn eu datblygu. Ac yna cyhoeddir ei benderfyniad i Joseff (adn. 39). Ceir eglurhad o'r rhesymau dros y dewis. Yn gyntaf, y mae ysbryd Duw ynddo (adn. 38). Hynny yw, y mae Duw yn bresennol iddo ac y mae Duw ar waith ynddo a thrwyddo. Yn ail, y mae'n agored i dderbyn ei arweiniad gan Dduw (adn. 39). Y mae'n arwyddocaol fod Pharo, ac yntau'n arweinydd yr Aifft, yn credu ei bod yn bwysig ei fod ef a'i ymerodraeth yn agored i dderbyn arweiniad Duw Joseff, er bod Brueggemann (t. 334) yn awgrymu nad yw Pharo wedi dechrau deall beth sydd ar waith ynddo a thrwyddo. Yn drydydd, y mae, o ganlyniad i hyn oll, yn ddoeth a deallus. Gwelodd rhai ysgolheigion debygrwydd rhwng nodweddion Joseff a disgwyliadau Eseia am 'y blaguryn o gyff Jesse' (Es. 11:1 ymlaen). Byddai

> 'ysbryd yr Arglwydd yn gorffwys arno,
> yn ysbryd doethineb a deall,
> yn ysbryd cyngor a grym,
> yn ysbryd gwybodaeth ac ofn yr Arglwydd'.

Os yw hyn yn berthnasol i gymeriad Joseff yn y testun dan sylw (a gan mai yng nghyfnod y gaethglud y tybir y lluniwyd *Genesis* yn ei ffurf derfynol, y mae hynny'n hollol bosibl) gellid tybied hefyd y byddai Joseff yn adlewyrchu'r nodweddion eraill y sonnir amdanynt gan Eseia, sef,

> 'fe farna'r tlawd yn gyfiwn
> a dyfarnu'n uniawn i rai anghenus y ddaear...
> Cyfiawnder fydd gwregys ei lwynau
> a ffyddlondeb yn rhymwyn am ei ganol'.

Byddai'r nodweddion hyn yn angenrheidiol os oedd yr ymerodraeth i fedru cynllunio'n deg a chyfiawn ar gyfer yr argyfwng a oedd i ddod, a'i oresgyn. Y mae'r darlun hwn o Joseff yn adlewyrchu hefyd rai o egwyddorion y traddodiad a geir yn llên doethineb yr Hen Destament (gw. er enghraifft, Diar. 11, sy'n sôn am ymddygiad y person doeth yn ei berthynas ag eraill yn y gymdeithas ac ym myd masnach ac economi, personol a chymdeithasol). Sut bynnag am y dylanwadau hyn, yr hyn a geir yma yw darlun o arolygwr 'doeth' sydd mewn gwrthgyferbyniad llwyr ag unbennaeth awdurdodol a threisgar llawer Pharo a oedd yn frenin yr Aifft yn y canrifoedd hyn. Dyma ddod â nodweddion newydd i herio disgwyliadau arferol yr ymerodraeth a Joseff, gŵr Duw, fyddai cyfrwng y newydd-deb hwn.

Ceir yma hefyd ddisgrifiad o statws freiniol Joseff: byddai dros holl dŷ Pharo (adn. 40); byddai Pharo'n sicrhau (gan fod ganddo rym i'w sicrhau!) y byddai pawb yn ufudd i Joseff; yr unig wahaniaeth rhwng Joseff a Pharo (a oedd yn ei wneud *yn fwy na* Joseff) fyddai mai Pharo oedd y brenin ar orsedd yr ymerodraeth, ond i bob diben ymarferol byddai gan Joseff bob awdurdod angenrheidiol i weithredu'r cynlluniau, gan ei fod wedi ei osod *yn ben ar holl wlad yr Aifft* (adn. 41). Y mae Brueggemann (t. 328) yn dwyn sylw at y modd y mae'r testun yn tanlinellu statws uchel a chyfrifoldeb holl-gynhwysol Joseff, drwy ddefnyddio'r gair *holl* drwy gydol yr adran hon: y mae yn *gwybod hyn oll* (adn. 39); *fy holl bobl* (adn. 40); *yn ben ar holl wlad yr Aifft* (adn. 41, 43 a 44). Ategir ei statws a'i awdurdod yn adn. 44 (*heb dy ganiatâd di nid yw neb i godi na llaw na throed...*). Y mae yma ddatganiad am sofraniaeth Duw Joseff dros dynged yr holl ymerodraeth hon.

Caiff Joseff ei sefydlu i'w swydd uchel drwy ddefod a oedd, yn ôl pob tystiolaeth, yn gyffredin yn yr Aifft. Fel arwydd ei fod wedi ei benodi yn gynrychiolydd uniongyrchol y brenin ei hun, *tynnodd Pharo ei fodrwy... a'i gosod ar law Joseff* (adn. 42). 'Roedd y fodrwy hon yn debygol o ddwyn arni sêl y brenin, ac felly byddai gan Joseff y sêl a fyddai'n angenrheidiol i weinyddu gorchmynion y brenin oddi fewn i'r ymderodraeth (gw. Esth. 3:12 a 8:8). 'Roedd delw'r brenin ar y fodrwy yn symbol grymus o'i bwer a'i awdurdod. Fe'i gwisgodd *mewn dillad o liain main* a rhoddodd *gadwyn aur*, a oedd yn symbol o'i swydd, am ei wddf. Byddai'n teithio yn *ei ail gerbyd* (sef, *chariot*, adn. 43). Pharo, mae'n debyg, fyddai yn y cyntaf a Joseff, fel ei brif swyddog, fyddai yn yr ail. Cafwyd enghreifftiau o gerbydau o'r fath ym medd Tutankhamen, a byddai gweision wedi eu neilltuo i rybuddio am ei ddyfodiad (mewn geiriau na chytunwyd eto ar eu hystyr) wrth i'r cerbyd fynd ar ei siwrnai gyflym (a gwyllt, mae'n siwr) ar hyd a lled yr ymerodraeth.

Yn uchafbwynt i'r cyfan hyn, caiff Joseff enw newydd, *Saffnath-panea*. Y mae von Rad yn awgrymu mai ystyr yr enw hwn yw 'y mae'r Duw yn llefaru ac yn byw' ond y mae eraill yn fwy ansicr ynglŷn â'r ystyr. Y ffaith ganolog yw fod yr un a neilltuwyd drwy ddefodaeth Eifftaidd yn cael enw Eifftaidd hefyd ac yn priodi *Asnath, merch Potiffera offeiriad On* (adn. 45). Dyma un yn llinach yr hynafiaid, Abraham, Isaac a Jacob, un o etifeddion yr addewidion, yn bodloni i gael ei gydnabod yn llawn fel swyddog uchaf yr ymerodraeth a'i fabwysiadu, drwy'r ddefodaeth hon, ei enw newydd a'i briodas i Eifftes, fel un o ddeiliaid yr ymerodraeth. Deuai cyfnod yn hanes y genedl pan y byddai proffwydi Duw a'r awduron Deuteronomaidd (ac Esra a Nehemeia yn arbennig yn y cyfnod wedi'r gaethglud) yn condemnio ymddygiad o'r fath fel anffyddlondeb ac anufudd-dod llwyr i'r cyfamod. Ond yma, ar y foment hon yn yr hanes, 'roedd yn hollol bosibl i Joseff fod yn ffyddlon i ofynion ewyllys Duw a gweithredu'r gofynion hynny, mewn ymerodraeth estron, a thrwy hynny, saernïo ynddi, fel y gwelsom, bosibiliadau newydd Duw ei dadau.

Y mae'n ddiddorol nodi, yn wyneb hyn, fod Joseff wedi enwi ei ddau blentyn ef ac Asnath yn *Manasse* ac *Effraim* (sef, enwau Hebreig). Dyma dystiolaeth i'r bywyd newydd a oedd yn eiddo i Joseff yn yr Aifft (adn. 51) a'i ffrwythlonedd *yng ngwlad fy ngorthrymder* (adn. 52). Yn y cyd-destun hwn, y mae arwyddocâd arbennig i'r ffaith bod Jacob, tad Joseff, (fel y gwelwn) wedi bendithio Manasse ac Effraim, ac wedi eu cydnabod yn ei henaint fel *fy meibion a roddodd Duw imi yma* (48:9).

Daw'r bennod hon i ben (adn. 46-57) gyda disgrifiad o'r modd y mae breuddwydion Pharo a dehongliad Joseff o'u hystyr yn cael eu cyflawni a'r modd y mae Joseff yn mynd ati dros y ddau gyfnod o saith mlynedd i gasglu a storio'r cnwd a'i ddosbarthu'n deg yng nghyfnod y newyn. Yn wir, bu cynlluniau

Joseff mor llwyddiannus nes iddo fedru gwerthu ŷd i wledydd cyfagos hefyd pan afaelodd y newyn ynddynt hwythau. A dyma osod y llwyfan ar gyfer yr olygfa nesaf yn hanes Jacob a'i deulu.

42:1-38 **Brodyr Joseff yn mynd i'r Aifft ac yn dychwelyd**

Y mae'r penodau nesaf (42 i 44) yn ein harwain at uchafbwynt y rhan hon o stori Joseff, sef, Joseff yn datgelu ei hunan i'w frodyr ym mhen. 45. Y mae'r holl gymeriadau yn chwarae eu rhan yn y ddrama: Jacob, y tad mewn gofid a hiraeth; Joseff, prif weinidog yr ymerodraeth, y mab a gollwyd a'r brawd a werthwyd; y brodyr a'i bradychodd ac a dwyllodd eu tad; a Benjamin, cannwyll llygad ei dad. Nid yw cyflwr yr ymerodraeth a newyn y gwledydd oddi amgylch yn ddim ond cefndir i ddrama perthynas y teulu hwn â'i gilydd. Cawn synhwyro drwy'r hanes hwn sut y mae breuddwydion Joseff, y llanc ifanc, am yr ysgubau i gyd yn plygu i'w ysgub ef a'r haul a'r lleuad ac un ar ddeg seren yn ymgrymu i'w seren ef, yn cael eu gwireddu a'u herio yn y digwyddiadau poenus a fyddai'n aduno'r teulu a'i sefydlu yn yr Aifft.

Yng Nghanaan, ac mewn gwledydd eraill cyfagos, y mae newyn cyffredinol (gw. 41:57). Jacob sy'n darganfod fod ŷd yn yr Aifft ac ef sy'n cymryd rheolaeth dros y sefyllfa tra bod ei feibion *yn edrych ar ei gilydd* (adn. 1) ac yn dyfalu beth i'w wneud am y sefyllfa argyfyngus oedd yn eu bygwth. Y mae'n anfon deg ohonynt i'r Aifft i brynu ŷd, ac yn cadw'i fab ieuengaf, Benjamin, adref *rhag ofn i niwed ddigwydd iddo* (adn. 4). Lle Benjamin yn serchiadau Jacob a Joseff sy'n llywio llawer o ddatblygiad y stori hon. Y mae'r brodyr (a ddisgrifir yma fel *meibion Israel*, hynny yw, meibion Jacob a gafodd enw newydd, gw. 35:10) yn mynd ar eu ffordd i'r Aifft, fel llawer eraill o Ganaan (adn. 5). Dyma osod y llwyfan ar gyfer y ddrama a oedd i ddilyn.

Yn ystod eu hymweliad â'r Aifft, Joseff, sy'n arolygu'r gwerthiant, sydd hefyd yn rheoli'r cyfarfod â'i frodyr. Tra'i fod ef yn adnabod ei frodyr nid ydynt hwy yn adnabod eu brawd (adn. 8). A thrwy gydol yr ymweliad cyntaf yma bydd y dieithrwch hwn yn parhau (cymh. 45:1 ymlaen, lle na fedr Joseff ymatal rhag ei ddatgelu ei hunan). Y mae'r brodyr *yn ymgrymu* iddo – ymateb digon naturiol gerbron un oedd yn *arolygwr dros yr holl wlad* (adn. 6). Ond dyma'n hatgoffa hefyd o freuddwydion Joseff, y llanc ifanc, (37:5 ymlaen) ac efallai fod y storïwr hwn am i ni weld yma dystiolaeth o wireddu'r breuddwydion. Yn adn. 9 ceir cefnogaeth i hyn: *Cofiodd Joseff y breuddwydion...*

Syndod i'r darllenydd (fel i'r brodyr, mae'n siwr) yw cyhuddiad *hallt* Joseff mai *ysbiwyr* oeddent, wedi dod i ddarganfod *mannau gwan y wlad*. Ymddengys ymddygiad Joseff yn galon-galed a dideimlad i ni, ond gwelodd rhai esbonwyr ymgais ar ran y storïwr i danlinellu dyfnder drwgdeimlad Joseff tuag at ei frodyr a'i awydd i'w darostwng hwy er mwyn dyfnhau eu heuogrwydd a'u hedifeirwch wrth iddynt, yn ddiarwybod iddynt, ddynesu at y cymod. Trwy'r ddyfais hon gallai gryfhau drama'r cymodi hwnnw.

Y mae'r brodyr yn gwadu'r cyhuddiad (adn. 10), gan ei gyfarch fel eu *harglwydd*, hynny yw, rhywun mewn awdurdod drsotynt yn y sefyllfa hon, ac esbonio mai prynu bwyd oedd eu hunig amcan. Ânt ymlaen i esbonio pwy ydynt, eu bod yn perthyn i un teulu yn hytrach nag yn griw o ysbiwyr a'u bod yn onest. Ond nid yw Joseff yn gadael i'w hesboniad ddylanwadu arno ac y mae'n dal at ei gyhuddiad (adn. 12). Maent hwythau'n dal ati i wadu'r cyhuddiad ac yn cyfeirio yn awr at y brawd arall, Benjamin. Y mae Joseff yn cymryd ei gyfle ac yn rhoi prawf arnynt (adn. 15). Y mae'r prawf yn mynd y tu hwnt i werthu a phrynu ŷd ac yn cyfrannu at ddrama'r cymod sydd i ddilyn ar ddiwedd y naratif hwn. Cânt hwy eu carcharu am dridiau a gorchmynnir danfon un ohonynt i Ganaan i ddod â Benjamin i'r Aifft hefyd (adn. 16-17). Ond ymhen tridiau, y mae'n cynnig cynllun mwy trugarog (adn. 18), efallai am fod cyflwr truenus ei deulu yn ei gyffwrdd: caiff un ei garcharu, a chaiff y gweddill brynu ŷd a'i ddwyn yn ôl i Ganaan ac yna dod yn ôl i'r Aifft gyda'r brawd ieuengaf. Gwna hyn am ei fod *yn ofni Duw*, hynny yw, y mae ei ufudd-dod i ewyllys y Duw a fu'n ei dywys hyd yn hyn yn dylanwadu ar ei ymddygiad at ei frodyr. Y mae ofn Duw yn newid ei agwedd ymddangosiadol anhrugarog a chalon-galed. Byddai bodloni ar y cynllun hwn yn brawf o onestrwydd ei frodyr.

Yn adn. 21-24 mae'r stori'n canolbwyntio, nid ar berthynas y brodyr â Joseff (yr arolygwr nad oeddent yn eu adnabod), ond ar y gwewyr yr oeddent yn dal i'w deimlo oherwydd yr hyn a wnaethant i Joseff, gwewyr y mae eu profiad yn yr Aifft wedi ei gryfhau. Y maent yn credu mai cosb am eu triniaeth ohono yw'r hyn sy'n digwydd iddynt yn awr (adn. 21). Unwaith eto dangosir dawn y storïwr wrth iddo danlinellu'r berthynas rhwng eu triniaeth greulon o Joseff a'r cymod a oedd eisoes ar waith. Reuben sy'n eu hatgoffa iddo'u rhybuddio i beidio â gwneud niwed i Joseff ond iddynt ei anwybyddu. Iddo ef, ymddengys yn deg eu bod yn awr yn ateb â'u gwaed am hyn oll (adn. 22). Yn ddiarwybod iddynt (wrth gwrs) clywodd a deallodd Joseff eu sgwrs ac wylodd oherwydd eu gwewyr hwy ond hefyd, mae'n siwr, am ei fod, yn ogystal, yn teimlo poen y rhannu ac yn hiraethu am y cymod. Ond ni allai hynny ddigwydd eto gan nad oedd adfer perthynas gyflawn yr holl deulu â'i gilydd yn bosibl hyd nes bod y teulu gyda'i gilydd. Felly, i'r diben hwnnw, y mae Joseff yn glynu at ei gynllun, yn cymryd Simeon ac yn ei rwymo o'u blaen. Y mae'r brawd a gipiwyd ac a daflwyd i bydew gan y brodyr, yn awr yn carcharu un o'r brodyr: y mae eironi'r sefyllfa'n amlwg. Ond i unrhyw un a fyddai'n gwylio'r olygfa hon, nid yw Joseff yn gwneud mwy na pharhau i actio'i rôl fel llywodraethwr llym.

Y mae gweddill yr adran hon (adn. 25-38) yn canolbwyntio ar ddychweliad gweddill y brodyr i Ganaan. Ar eu siwrnai, y mae un o'r brodyr yn darganfod fod yr arian a roddodd am yr ŷd yng ngenau'r sach. Ni ddywedir wrthym fod y gweddill wedi darganfod fod eu harian hwythau yn eu sachau hefyd (o leiaf, nid tan adn. 35) ond mae'n anodd credu na fu iddynt edrych i weld! Nid ydynt hwy'n deall beth sydd ar waith yma, ond 'rydym ni, y darllenwyr, yn deall mai symbolau gweithredol y cymod yw'r ad-daliadau hyn. Y mae'r wyrth ar waith. Ffordd y storïwr o danlinellu hyn yw adn. 28. Y mae eu hofn a'u cryndod (modd cyffredin o fynegi ymateb dynol i bresenoldeb y dwyfol) a'u hymwybyddiaeth mai Duw sydd ar waith y tu ôl i'r weithred annisgwyl hon, yn elfennau pwysig ym mhroses y cymodi.

Pan gyrhaeddant adref maent yn adrodd eu stori wrth Jacob. Er ein bod ni'n gweld mai'r cymod sydd ar waith, nid yw Jacob yn gweld yn y digwyddiadau hyn ddim ond tristwch dyfnach nag a gafodd eisoes: Joseff *wedi marw*, Simeon wedi ei ddal yn y carchar, ac yn awr y maent am fynd â Benjamin oddi wrtho. Pa ryfedd iddo ymateb fel y gwnaeth: *Y mae popeth yn fy erbyn* (adn. 36). Ac er i Reuben (unwaith eto yn hanes y teulu hwn) gymryd yr arweiniad ac addo, ar fywyd ei feibion, i ddod â Benjamin yn ôl yn ddiogel, nid oes dim yn tycio: *Ni chaiff fy mab fynd gyda chwi* (adn. 38). Unwaith eto y mae'n gweld tristwch eithaf yn ei ddilyn i'r bedd.

Daw'r bennod i ben gyda Joseff yn disgwyl yn eiddgar am iddynt ddychwelyd, Simeon yn y carchar tan iddynt ddychwelyd a'r brodyr eraill yn methu cael perswâd ar eu tad i ganiatáu iddynt fynd â Benjamin i'r Aifft. Y mae gweithredu cymod rhwng y teulu hwn yn ymddangos yn amhosibl.

Yn ôl Brueggemann (t. 336 ymlaen), y mae'r brodyr a werthodd Joseff, sy'n awr yn mynd ato yn yr Aifft ac yn gorfod gweithredu yn unol â'i orchymyn ef ac nid eu mympwy eu hunain, yn ganolog i ddrama'r cymod, ac yn cael eu plygu mewn euogrwydd ac edifeirwch. Ond nid ydynt yn dirnad yr hyn sy'n digwydd iddynt a thrwyddynt; y maent yn methu dirnad y posibilrwydd newydd.

Jacob sy'n rhoi cychwyn i'r daith drawsnewidiol hon. Ond

ymddengys fel petai'n gaeth i ddigwyddiadau a phenderfyniadau nad oes ganddo ef unrhyw reolaeth drostynt. Y mae'n dirnad y posibiliadau newydd ond, o leiaf, hyd yn hyn y mae'n hollol anabl i'w gosod ar waith. Fe'i gyrrir i ddigalondid llwyr. Ond, wth gwrs, y mae'r olygfa bwysicaf yn y ddrama hon eto i ddod!

Ymddengys mai Joseff, yr un a fu ar drugaredd ei frodyr, yr un y maent hwy, fel eu tad, yn credu sydd wedi marw, sydd bellach â'r awdurdod drostynt hwy a thros y cymod sydd ar waith rhyngddynt. Ef sy'n llywio'r amserlen. Y mae'n ymddangos yn galon-galed ac yn ddidostur. Eto, y mae ef yn gweld y posibilrwydd newydd, yn gweld beth sydd ei angen i'w osod ar waith ac yn chwarae ei ran yn llywio proses y cymodi. Cyfunir trugaredd a chyfrwystra yn ei bersonoliaeth a'i agwedd. Y mae'n dangos tosturi ac y mae'n benderfynol. A thrwy gydol y ddrama, yr hyn sy'n llywio'i agwedd yw ei ddyhead am gael gweld Benjamin.

Ac, wrth gwrs, y tu ôl i'r cyfan – gan amlaf, heb gael ei dirnad – y mae llaw Duw ar waith yn gweithredu cymod er mwyn yr addewid, gan amlaf heb i'r actorion sylweddoli mai Duw sydd wrth y llyw. Yn ei amser a'i ffordd ef y daw'r ddrama hon i'w huchafbwynt. Ond am y tro, rhaid i'r holl actorion ddisgwyl gydag amynedd.

43:1-34 **Mynd â Benjamin i'r Aifft**

Y mae'r bennod hon yn gychwyn hanes yr ail daith i'r Aifft a ddaw i'w therfyn gorfoleddus ym mhen. 45 gyda'r cymod rhwng Joseff a'i frodyr. Y cymhelliad dros yr ail daith oedd fod y newyn yng Nghanaan wedi gwaethygu a bod y teulu wedi gorffen yr ŷd a gawsant o'r Aifft ar y daith gyntaf (adn. 1). Ymddengys yn rhyfedd i'r darllenydd nad oes yma unrhyw gonsyrn am Simeon, y brawd sydd yng ngharchar yn yr Aifft. Nid oedd, i bob golwg, unrhyw frys am ddychwelyd i'r Aifft i'w achub. Un esboniad posibl am hyn yw fod dwy ffynhonnell y tu ôl i'r penodau hyn. Y ffynhonnell Eloistaidd oedd yn sail i ben. 42 ond y ffynhonnell Iahwaidd sydd y tu cefn i'r bennod hon a'i phrif gonsyrn yw dyhead Joseff fod ei frodyr yn dwyn Benjamin i'r Aifft er mwyn iddo'i weld. Y mae'r methiant i gysoni'r ddwy ffynhonnell yn y fan hon yn un o ychydig wendidau golygyddol stori Joseff sydd, ar y cyfan, yn gyfanwaith llenyddol cywrain.

Ta waeth am hynny, yn y testun fel y mae, y mae effaith y newyn yn dyfnhau ac yn rhoi pwysau hyd yn oed ar Jacob i ddanfon ei feibion i'r Aifft i brynu ŷd. Y tro hwn, Jwda sy'n siarad ar ran y brodyr, efallai gan fod y bennod flaenorol wedi adrodd am fethiant Reuben i berswadio'i dad i'w gadael i fynd, gyda meibion Reuben yn fath ar fechniaeth. Y tro hwn y mae Jwda ei hun yn cynnig bod yn feichiau dros Benjamin.

Y mae iaith Jwda a'i dad yn drawiadol: drosodd a thro y maent yn sôn am rybuddion *y dyn* (adn. 3, 5, 6, 7, 13 a 14). Caiff tyndra'r stori ei gynnal drwy sicrhau na roddir unrhyw argraff fod y brodyr yn gwybod pwy yw'r *dyn* sydd yn llywio'r ddrama hon. Mae Jwda yn pwysleisio *rhybudd* cryf Joseff ac nad oedd unrhyw ddiben iddynt ddychwelyd i'r Aifft onibai fod Benjamin gyda hwy (adn. 3). Fe gafwyd un drafodaeth ymhlith y teulu eisoes am fynd yn ôl i'r Aifft (42:33 ymlaen) a'r pryd hwnnw 'roedd 'na' Jacob yn ymddangos yn derfynol. Ond erbyn hyn mae dyfnder y newyn yn newid y sefyllfa. Rhoddir adroddiad i Jacob (sy'n awr yn cael ei alw'n Israel) am ddiddordeb dwfn *y dyn* yn y tad a'i fab ieuengaf (adn. 6-7). Ar sail addewid hael Jwda i fod yn feichiau dros ei frawd (adn. 8-9), ac yn wyneb diffyg amynedd Jwda â styfnigrwydd ei dad ar y mater hwn (adn. 10), y mae'n cytuno: *Os oes rhaid, gwnewch hyn…* (adn. 11).

O fynd ar y daith hon, rhaid dangos y cwrteisi arferol pan yn ymweld ag uchel swyddogion, yn arbennig pan allai'r siwrnai fod yn anodd. Yn adn. 11, ceir rhestr o roddion i'w dwyn ar y daith, sy'n enghreifftiau o cynnyrch gorau Canaan (y mae'r term

Hebraeg a gyfieithir *ffrwythau'r ddaear* yn medru golygu 'nerthoedd neu bwerau'r ddaear'). Y mae'n benderfynol hefyd o dalu dwbl am yr ŷd ac i ddychwelyd yr arian a gafwyd yng ngenau'r sachau a oedd, efallai, yn gamgymeriad (adn. 12) – er ein bod ni, wrth gwrs, yn gwybod yn wahanol!.

Y rhan bwysicaf a'r fwyaf poenus o'r paratoadau i Jacob, mae'n siwr, oedd danfon Benjamin: *Cymerwch hefyd eich brawd...* (adn. 13). Nid yw Jacob yn ddall i beryglon y siwrnai hon. Y mae'n deisyf yn bennaf oll drugaredd *y Duw Hollalluog* (*'El Shaddai*) arnynt gerbron *y dyn* ac yn mynegi gobaith y bydd Benjamin a'r brawd arall (sef, Simeon, y tro cyntaf y clywn amdano yn y rhan hon o'r stori) yn dychwelyd ato'n ddiogel. Y mae'n gorffen drwy fynegi ei bryder gwirioneddol wrth eu gollwng ar eu siwrnai ac yn awgrymu nad oes ganddo unrhyw ddewis ond derbyn beth bynnag fydd ei dynged yn y diwedd: *Os gwneir fi'n ddi-blant, derbyniaf hynny* (adn. 14). Gweithredu mewn gobaith am sicrhau'r dyfodol a wna, drwy fentro gollwng ei fab. Y mae poen a gobaith ynghlwm i'r hynafgwr ffyddlon hwn.

Parodrwydd Jacob i fod yn agored i'r posibilrwydd newydd sy'n trawsnewid y stori hon. Yr un a ofnai y byddai'n rhaid iddo *ddisgyn i'r bedd mewn tristwch* (42:38) sy'n awr yn bodloni mentro'i fab er mwyn ceisio sicrhau bwyd ac, felly, bywyd, iddo ef a'i deulu. Ef, tra'n sylweddoli y gallai golli ei fab, sy'n fodlon mentro, yn unig ar sail trugaredd y Duw Hollalluog, er mwyn y dyfodol. Y mae'n gweld, y tu hwnt i bosibiliadau trasiedi, bosibilrwydd bywyd newydd. Ar sail y ffydd hon, y mae'n danfon ei feibion ar eu taith.

Felly, dônt a sefyll gerbron Joseff. Pan mae Joseff yn gweld ei frodyr ac yn sylweddoli fod Benjamin gyda hwy, y mae'n rhoi cyfarwyddiadau i'w brif swyddog am wledd fawr yn ei dŷ i'w croesawu (adn. 16). Yn ddigon naturiol, y mae ei frodyr (sy'n cael eu disgrifio yma fel *y dynion* – y mae'r dieithrwch rhyngddynt yn cael ei bwysleisio eto) yn ddrwgdybus iawn (adn. 18), ac yn ofni y byddai dynion Joseff yn ymosod arnynt ac yn eu carcharu (fel a ddigwyddodd i'w brawd, Simeon). Felly, mae'r brodyr yn atgoffa swyddog tŷ Joseff iddynt fod yno o'r blaen (adn. 20), a'u bod yn dychwelyd yr arian a adawyd yn eu sachau (rhag ofn i'r swyddog gredu eu bod wedi ei ladrata). Tawelir eu meddyliau (adn. 23) ac esbonir mai gwaith *eich Duw a Duw eich tad* oedd yr arian, arwyddion o haelioni eu Duw (*trysor i chwi*). Daw â Simeon allan atynt a chânt ddŵr i olchi eu traed a bwyd i'w hasynnod. Y mae'r cyhuddiad eu bod yn ysbiwyr wedi ei ddadbrofi. Cânt eu croesawu i dŷ Joseff â breichiau agored. Felly, y maent hwy'n paratoi eu hanrhegion i'w cyflwyno i Joseff (nad ydynt wedi ei weld hyd yn hyn) pan ddaw atynt yno ar hanner dydd. Y mae'r stori'n symud tuag at uchafbwynt arall.

Y mae elfennau'r cyfarfod rhwng Joseff a'i frodyr yn drawiadol. Cyflwynant eu hanrhegion iddo ac ymgrymant o'i flaen (atgof arall o freuddwyd Joseff). Y mae Joseff yn eu holi am eu tad (adn. 27). Y mae'n swnio fel cwrteisi ond y mae'r darllenydd yn gwybod fod mwy na hynny y tu ôl i'r cwestiynu hyn, gan fod yma ddyhead mab am ei dad. Yn un o uchafbwyntiau'r stori hon, y mae Joseff yn codi ei olwg *a gweld ei frawd Benjamin* (adn. 29) ac y mae mwy yn y gweld hwn nag y gellir ei ddyfalu. Wedi cael cadarnhad gan y brodyr mai hwn oedd *y brawd ieuengaf, y buoch yn sôn amdano*, y mae'n ei gyfarch: *Bydded Duw yn rasol wrthyt, fy mab*; cyfarchiad na ddefnyddiodd i gyfarch y brodyr eraill. Ond y mae ffurfioldeb y cyfarfod a'r cyfarchiad yn cuddio'r teimladau dyfnion a oedd yng nghalon Joseff. *Cyffrowyd ei deimladau* ac aeth i *chwilio am le i wylo* (adn. 30) gan na fyddai'n briodol i uchel swyddog fel ef wylo'n gyhoeddus, a hynny am iddo weld rhywun a oedd, mor bell ag y gwyddai pawb yn y stori hon, heblaw am y darllenydd, yn ddieithryn iddo. Cawn ni wybod am ei deimladau ond ni chaiff neb yn y llys synhwyro dim.

Y mae Brueggemann (t. 340) yn dwyn sylw at ddefnydd arall

o'r un gair ag a ddefnyddir yma am *cyffrowyd ei deimladau* (sef, *kmr*) yn Hosea 11:8:

> 'Pa fodd y'th roddaf i fyny, Effraim,
> a'th roi ymaith, Israel?
> ...Newidiodd fy meddwl ynof;
> enynnodd fy nhosturi hefyd'.

Ni all Joseff reoli'r teimladau dyfnion sydd ganddo tuag at ei frawd, mwy nag a allai Duw ymwrthod â'i deimladau tuag at 'ei fab' Israel (Hos. 11:1-9). Yn y diwedd, y mae cariad bob amser yn gorchfygu.

Daw yn ôl o'i ystafell, lle bu'n wylo, wedi golchi ei wyneb (adn. 31) rhag i neb sylweddoli mor ddwfn yw emosiwn y foment hon. Rhaid i'r uchel-swyddog ddal i reoli ei hun a'r sefyllfa. Felly, y mae'n gorchymyn: *Dewch â'r bwyd*. Y mae ffurfioldeb priodol y sefyllfa'n parhau yn nhrefniadau'r wledd: y mae Joseff, ei frodyr (yr *Hebreaid*) a'r Eifftiaid oedd yno, yn bwyta ar wahân i'w gilydd (yn unol â gofynion crefyddol a diwylliannol). Caiff y brodyr eistedd yn ôl trefn hynafiaeth ond nodir, heb air o esboniad, bod *cyfran Benjamin* (o'r lluniaeth) *bum gwaith yn fwy na chyfran y lleill*. Ond, am y tro cyntaf yn y stori hir hon a'i phoen dirdynnol ar byrdiau – y twyll a'r dyhead, y dieithrwch a'r dagrau, y cyfrwystra a'r cwrteisi – y maent oll *yn llawen gydag ef* mewn gwledd a oedd yn rhagflas o'r cymod llawn a ddeuai iddynt. Ond nid oes dim wedi ei ddatrys eto: nid yw Joseff yn datgelu dim am ei fwriadau, nid yw'r brodyr yn synhwyro dim am eu brawd a'i gonsyrn am eu tad, nid yw Benjamin yn adnabod y brawd sy'n ei groesawu gyda'r fath haelioni, nid yw'r llys Eifftaidd yn gweld dim o arwyddocâd arbennig yn y croeso a roddwyd. Unwaith eto, rhaid dal i aros a disgwyl am i'r Un sy'n llywio gwaith y cymod gyflawni ei amcanion.

44:1-34 **Y Cwpan Coll**

Wedi'r wledd lawen o groeso, y mae'r hanes yn cymryd cwrs annisgwyl ac afreal unwaith eto. Caiff swyddog ei dŷ orchymyn gan Joseff i lenwi sachau'r brodyr ag ŷd, i ddychwelyd eu harian unwaith eto, ond i roi cwpan arian Joseff yng ngheg sach Benjamin. Yn ogystal, caiff gyfarwyddyd am yr hyn y mae i'w ddweud pan ddaw o hyd i'r cwpan. Ni adewir dim i siawns. Joseff sy'n rheoli drwy'r cyfan. Unwaith eto, bydd cyhuddiad ffals yn llywio cwrs y stori hon. Nid yw'n amlwg pam y gwnaeth Joseff hyn. Ai am ei fod am roi prawf arall ar y brodyr? Ai am ei fod am bwysleisio eto mai ef yw'r awdurdod yn y sefyllfa hon a'u bod hwy'n gorfod bod yn atebol iddo? Ai am ei fod am geisio dod o hyd i ffordd o gadw Benjamin gydag ef yn yr Aifft tra bod y brodyr eraill yn dychwelyd at y tad? Y mae'n amhosibl dod i farn ar y weithred afreal hon. Yr unig beth sy'n eglur yw mai uchafbwynt yr hanesyn hwn yw esboniad hir Jwda a'i apêl ar ran Benjamin ac ar ran ei dad (adn. 18 ymlaen).

Y mae'r swyddog yn eu dal ac yn gwneud a dweud yn union fel y gorchmynnodd Joseff. Y mae ymateb y brodyr (adn 7-9) yn awgrymu eu bod wedi eu clwyfo gan y cyhuddiad eu bod wedi lladrata'r cwpan arian ac y maent yn eu hatgoffa o'u gonestrwydd yn dychwelyd yr arian a gafwyd yng ngenau eu sachau y tro blaenorol. Ac y maent mor sicr eu bod yn ddieuog nes eu bod yn gwneud cynnig sy'n ymddangos yn eithafol iawn, sef, y dylai'r un a geir yn euog gael ei ladd ac y dylent hwy i gyd fod yn garcharorion (adn. 9). Y mae'r swyddog, fodd bynnag, yn gosod cosb fwy trugarog, sef, bod yr un euog yn mynd yn gaethwas i Joseff a'r brodyr eraill yn rhydd i ddychwelyd adref (adn. 10). Y mae'r peth olaf y byddent hwy'n ei ddisgwyl yn digwydd. Daw'r swyddog o hyd i gwpan arian Joseff yn sach Benjamin. Y mae ymateb y brodyr (*rhwygasant eu dillad*, adn. 13) yn arwydd o'u gwewyr a'u syndod. Pan ânt yn ôl i dŷ Joseff, y mae'n mynegi ei syndod a'i siom ynglŷn ag ymddygiad y brodyr (*Beth yw hyn yr ydych wedi ei wneud?*), er ein bod ni, wrth gwrs, yn gwybod yn wahanol (adn. 15).

Y mae'r sôn am *ddewino* (yma ac yn adn. 5) yn dangos fod Joseff, ar ei gyfaddefiad ei hun yma, yn arfer crefydd yr Aifft a bod y cwpan yn rhan o ddefodau'r dewino, a oedd yn gyffredin iawn yng ngrefyddau'r hen fyd. Felly, tanlinellir mai nid gwerth ariannol y cwpan oedd bwysicaf ond ei lle ym mywyd defodol y llys.

Y mae ymateb Jwda ar ran y brodyr, fel y mae nifer o esbonwyr yn ei awgrymu, yn dangos eu bod wedi dirnad y cyswllt rhwng drwgweithredu a chosb, ac mai yn nwylo Duw, yn y diwedd, y mae dyfarnu cosb a chreu cymod. Dyna ergyd geiriau Jwda: *Y mae Duw wedi dangos twyll dy weision... Dyma ni, a'r un yr oedd y cwpan ganddo, yn gaethion i'n harglwydd* (adn. 16). Ac eto, y mae'n awyddus i brofi eu diniweidrwydd. Y mae eu heuogrwydd am eu triniaeth o'u brawd Joseff yn dal i'w poeni (ac yn haeddu cosb), ond yn y mater hwn o ddwyn y cwpan y maent am ddadlau eu bod yn ddieuog (fel y gwyddom ni y maent). Y mae Joseff yn datgan ei ddyfarniad nad yw am wneud y brodyr i gyd yn gaethion. Ei ddymuniad yw cadw'r un sy'n *euog* a gadael y lleill i fynd *mewn heddwch* at eu tad. Ymddengys fod Joseff yn ymwrthod â'r syniad o euogrwydd teuluol y brodyr fel corff ac yn cynnig syniad o euogrwydd yr unigolyn. Ond ceisio'u profi y mae unwaith eto: a ydynt am fod yn rhydd eu hunain ond ar gost caethiwed Benjamin? A ydynt yn barod i aberthu Benjamin er mwyn sicrhau eu rhyddid hwy a phoeni mwy am eu hunain na'r tristwch dirdynnol y byddai'r golled hon yn achosi i'w tad?

Jwda sy'n siarad dros y brodyr, a hynny mewn geiriau teimladol ac apelgar sy'n cynrychioli un o uchafbwyntiau llenyddol *Genesis.* Y mae'n dechrau gydag apêl gwas at ei arglwydd (adn. 18), yn cydnabod fod gan Joseff holl awdurdod Pharo (*yr wyt ti fel Pharo*) ac yn pledio am iddo beidio â digio wrtho. Dyma gymryd agwedd ostyngedig tuag at un sydd â grym i gaethiwo ac i ryddhau (ac yn wir i ladd neu i gadw'n fyw) yn ei ddwylo. Yna (adn. 19 ymlaen) y mae'n ei atgoffa – er y gwyddom ni yr hyn nad yw Jwda yn ei wybod, sef, nad oes angen ei atgoffa, gan mai hyn yw'r egni emosiynol y tu cefn i bopeth a wna – ei fod wedi esbonio iddo unwaith am ei dad, Jacob, ei *frawd bach* a'r brawd a fu farw (sydd, wrth gwrs, yn fyw o'i flaen y funud hon!). Rhan ganolog o apêl Jwda yw mai dim ond Benjamin sydd ar ôl bellach o ddau fab Rachel a bod hyn yn golygu fod gan Jacob serch arbennig o ddwfn tuag at y *brawd bach* y mae Joseff yn awr am eu gadw fel caethwas (adn. 20).

Yn nesaf (adn. 21 ymlaen), y mae'n atgoffa Joseff am y ddeialog ddirdynnol a gawsant gyda golwg ar sicrhau bod Benjamin yn cael ei ddwyn i'r Aifft, ar waethaf y poen y byddai hynny'n ei achosi i Jacob. Yna mae'n adrodd wrth Joseff yr ymdrechion anodd a fu'n angenrheidiol i sicrhau bod Jacob yn gadael i Benjamin fynd i'r Aifft ac am eiriau poenus Jacob: *Aeth un (mab) ymaith a dywedais, 'Rhaid ei fod wedi ei larpio ac ni welais ef wedyn. Os cymerwch hwn hefyd ymaith a bod niwed yn digwydd iddo yna fe wnewch i'm penwynnu ddisgyn i'r bedd mewn tristwch* (adn. 31). Yna daw uchafbwynt ei apêl: *aeth dy was yn feichiau am y bachgen i'm tad* (adn. 32). Felly, os caiff Benjamin ei gadw yn yr Aifft, bydd Jwda yn euog am byth yng ngolwg ei dad. Nid ar chwarae bach y gwnaeth Jwda ei gynnig i'w dad.

Dim ond un llwybr sy'n agored i Jwda, sef, rhoi ei hunan i fod yn gaethwas i Joseff yn lle'i frawd bach (adn. 33), aberthu ei ryddid ei hunan er mwyn sicrhau rhyddid Banjamin a thrwy hynny arbed loes pellach i'w dad (adn. 34). Y mae'r aberth hwn yn rhagflas o'r aberthu dros eraill a fyddai'n ganolog yn y grefydd Iddewig yn ogystal ag oddi fewn i Gristnogaeth (e.e. Es. 53, Rhuf. 5:6 ymlaen). Y mae'n ddigon o'r diwedd i Joseff fedru credu bellach fod ei frodyr, a gynrychiolir yma gan Jwda, wedi pasio'r prawf: y maent wedi cydnabod eu heuogrwydd a mynegi edifeirwch, wedi profi eu serch dwfn tuag at eu tad gan roddi ei deimladau dwys ef o flaen eu rhyddid a'u diogelwch hwy (*Nid wyf am weld loes fy nhad*, adn. 34), ac yn bennaf oll, efallai, wedi diogelu uwchlaw popeth fywyd yr un y mae Jacob bellach – a Joseff, wrth gwrs – yn ei garu fwyaf, sef, Benjamin, y brawd bach. Bu'r ffordd tuag at y foment hon yn un dwmpathog ac anodd. Trwy gydol yr ymwneud hwn rhwng y brawd a fu farw (a oedd trwy'r amser yn sefyll mewn awdurdod drostynt ond yn dyheu am gymod) a meibion ei dad, bu Joseff yn ymddwyn, i'n golwg ni, yn ddideimlad a didrugaredd a chaled, mewn modd nad oedd bob amser yn hawdd i ni ei ddeall. Ond 'roedd y cyfan yn rhan o weithgarwch y Duw sydd ei hun yn llywio gwaith y cymod.

Ond hyd yn hyn, caiff hyn ei guddio rhagom, gan fod y bennod yn gorffen gyda geiriau Jwda, ac ni chawn wybod beth yw ymateb Joseff. Y mae popeth yn agored. Gall ei apêl gael ei gwrthod neu ei derbyn. Ni allwn ond dyfalu beth oedd ei ymateb drwy geisio 'darllen beth sydd ar ei wyneb' (von Rad, t. 395).

45:1-28 **Joseff yn ei ddatgelu ei hun i'w frodyr**

Ond yna mae'r argau yn torri: *Methodd Joseff ymatal...* (adn. 1). Y mae'r stori hyd yn hyn wedi bod yn arwain at y foment hon, er y bu adegau pan gafwyd yr argraff na ddeuai'r foment hon byth ac y byddai'r dieithrwch yn parhau.

Moment i'r teulu yw hon ac nid i'r ymerodraeth: *Gyrrwch bawb allan oddi wrthyf* (adn. 1). Y maent ar eu pennau eu hunain pan mae Joseff yn datgelu i'w frodyr pwy ydyw. A phan mae'n gwneud hynny, mae'n wylo yn uchel nes bod yr Eifftiaid a theulu Pharo yn ei glywed (adn. 2). Y mae ei eiriau yn arwyddocaol: *Joseff wyf fi* (adn. 3), geiriau sy'n cael eu hailadrodd, fwy neu lai, yn adn. 5 (*Myfi yw eich brawd Joseff*), ailadrodd sy'n awgrymu i rai esbonwyr fod dwy ffynhonnell wedi eu dwyn at ei gilydd yma. Awgryma von Rad (t. 307) mai adn. 1, 4 a 5a yw fersiwn y ffynhonnell Iahwaidd o'r olygfa hon ac mai adn. 2, 3 a 5b yw fersiwn y ffynhonnell Elohistaidd. Y mae Joseff yn defnyddio'i enw Hebreig yn hytrach na'i enw Eifftaidd, Saffnath-panea (gw. 41:45). Y mae'n ei gydnabod ei hunan, fel petai, fel un ohonynt hwy yn hytrach nag Eifftiwr. Y mae'r cwlwm â theulu'r addewid yn bwysicach yn y diwedd na'i safle yn llys Pharo. Nid rheolwr grymus dros dŷ Pharo sydd yma bellach ond brawd. Y mae popeth wedi newid! Y mae'r teulu hwn mewn sefyllfa hollol newydd. Mae'n werth cofio hefyd mai ystyr Joseff yw *Fe ychwanega* (30:23). Trwy Joseff, yn nhreialon poenus y teulu hwn, y mae Duw wedi ychwanegu bywyd a dyfodol ac, felly, gobaith newydd iddynt.

Consyrn cyntaf y brawd byw (a oedd, yn nhyb ei deulu, wedi marw) yw gofal am ei dad: *A yw fy nhad yn dal yn fyw?* Am y tro cyntaf, gallai fod yn hollol agored am ei bryder amdano. Yn naturiol ddigon, y mae'r newyddion am eu brawd yn cynhyrfu'r brodyr, gymaint felly fel na allant ei ateb.

Yn wyneb euogrwydd ac edifeirwch y brodŷr ynglŷn â'u triniaeth ohono, y mae Joseff yn torri pob cyswllt â'r gorffennol hwnnw. O hyn allan y mae dyfodol newydd yn bosibl. Felly, *Peidiwch â chyffroi* (adn. 5). Y mae am iddynt weld yr hyn y mae ef ei hun yn ei gredu, sef, bod llaw Duw wedi llywio'r cyfan a'i fod wedi danfon Joseff i'r Aifft o'u blaen hwy *er mwyn diogelu bywyd*. Duw, wedi'r cyfan, yw'r un sy'n rhoddwr bywyd. Yn bwysicach fyth, gwnaeth hynny er mwyn cadw'r addewid yn fyw: *...i sicrhau hil i chwi ar y ddaear ac i gadw'n fyw o'ch plith nifer fawr o waredigion* (adn. 7). Hynny yw, gall Duw ddefnyddio drygioni'r brodyr, hyd yn oed, i gyflawni ei amcanion. Awgrymwyd mai 'gweddill' yw'r cyfieithiad priodol o 'hil' (sef, *šᵉēr̂ît*) yn adn. 7 ac, felly, gellir gweld yma adlais o thema'r gweddill a ddeuai'n elfen gref yn stori'r waredigaeth yn yr Hen Destament. 'Roedd yno yn hanes Noa, lle'r achubodd Duw weddill rhag y dinistr a ddeuai gyda'r dilyw. Yn y gweddill, 'roedd Duw yn achub rhai a fyddent yn gyfryngau i ddwyn ei addewid ymlaen i'r dyfodol.

O safbwynt dynol, y brodyr a'i gwerthodd, ac y maent yn euog o gam-drin eu brawd a hefyd eu tad. Ond y mae Joseff yn gweld y darlun mwy ac yn dirnad rhagluniaeth Duw ar waith drwy'r cyfan yn dwyn ei amcanion grasol i ben: *...nid chwi ond Duw a'm hanfonodd yma* (adn. 8). Yn nhrai a llanw perthynas a gelyniaeth teulu, ac yn hynt a helynt hanes cenhedloedd ac ymerodraethau, y mae Duw o hyd ar waith. Gwnaeth Jacob a'i feibion, Pharo a Joseff, eu penderfyniadau mewn rhyddid. Ond yn a thrwy'r dewisiadau dynol rhydd hyn y mae Duw yn gweithredu'i bwrpas.

Nid yw Joseff, fodd bynnag, wedi anghofio'i safle ac ar sail ei swydd aruchel a chyfrifol yn llys Pharo (adn. 8), lle mae'n disgrifio'i hun fel *tad i Pharo*, hynny yw, un â swyddogaeth uchel yn y llys, y mae Joseff yn danfon ei frodyr *ar frys* (adn. 9) at eu tad i'w ddwyn ato i'r Aifft ar unwaith ac i ymsefydlu wrth ei ymyl *yng ngwlad Gosen* gyda'i holl deulu a'i eiddo (adn. 10). Yr oedd *gwlad Gosen* yn croesi'r stribyn o dir o'r Gorllewin i'r Dwyrain rhwng Port Said a Suez. Yn wyneb hyn, nid yw'n amlwg ble 'roedd Joseff (yn llys Pharo) wedi ei leoli, o gofio ei fod yn eu sicrhau y byddent, yng ngwlad Gosen, yn byw yn ei ymyl.

Gweld Benjamin a enynnodd ei gariad dyfnaf (adn. 14), ond y mae'n cusanu ei frodyr i gyd (gweithred sy'n selio'i faddeuant iddynt ac yn cadarnhau'r cymod), cyn iddynt *gael sgwrs ag ef* (adn. 15). Mae'r brodyr a gawsant eu cynhyrfu gymaint ar y cychwyn fel na allent ddweud dim, bellach yn medru sgwrsio'n agored â'r brawd yr oeddent yn credu oedd wedi ei golli. 'Roeddent bellach wedi ei adnabod a'i dderbyn.

Pan ddaw'r newyddion hyn at Pharo y mae yntau'n llawenhau hefyd ac yn addo iddynt gael *gorau gwlad yr Aifft* a *byw ar fraster y wlad* (adn. 18). Cânt fynd ar eu taith i Ganaan wedi eu llwytho â rhoddion oddi wrth Pharo (adn. 21-23), gan gynnwys gwisgoedd newydd, arian, wageni ac asynnod. Aeth cymod rhwng brawd a'i frodyr yn fater o lawenydd i Pharo a'r ymerodraeth. Ni fydd grym yr ymerodraeth yn fygythiad i heddwch y teulu hwn yn awr. Ond byddai hyn hefyd yn newid dan lywodraeth Pharo arall.

Pan gyrhaeddant adref at eu tad, y mae clywed yr hanes am Joseff yn peri i Jacob fynd *yn wan drwyddo, oherwydd nid oedd yn eu credu* (adn. 26). Nid peth hawdd yw i dad glywed yn ei henaint mai'r *dyn* oedd yn rheolwr yn yr Aifft yw'r mab a gollodd. Clywed am yr hyn a ddywedodd Joseff a gweld y wageni a'r rhoddion a *adfywiodd ysbryd eu tad*. Nid yw'n amau mwy: *Dyma ddigon, y mae fy mab Joseff yn dal yn fyw* (adn. 28). Nid oes angen mwy o brawf. Ac felly, yn y sicrwydd hwn, *Af finnau i'w weld cyn marw*. Nid geiriau unrhyw dad yw'r rhain ond geiriau Jacob, a etifeddodd, trwy dwyll, fendith ei dad, Isaac, a dderbyniodd addewid y Duw Hollalluog, a enwyd yn Israel (sef, un a ymdrechodd â Duw), ac a oedd yn un o dadau cymuned y cyfamod a dderbyniodd dystiolaeth *Genesis* i'w dechreuadau fel pobl Dduw. Ef sy'n awr yn cychwyn ar ei daith i weld y mab a ddaeth *yn fyw o feirw*. Y mae'n gweld gobaith na chaiff *ddisgyn i'r bedd mewn tristwch* (42:38).

Nodyn ar 46:1 - 48:22

Y mae uchafbwynt stori Joseff wedi ei hadrodd bellach. Y mae Joseff wedi ei ddatgelu ei hunan i'w frodyr ac y mae Jacob ar ei ffordd i'r Aifft i gael ad-uniad â'i fab. Yn y penodau nesaf yma ceir hanesion sy'n sôn am ymsefydlu Jacob a'i deulu yn yr Aifft ac am y modd y mae cenhedlaeth newydd yn etifeddu bendith ac addewid Duw. Mae pen. 46 yn adrodd hanes Jacob a'i deulu yn ymfudo i'r Aifft a chyrraedd Gosen. Yno caiff Jacob ei groesawu gan Joseff ac y mae'r tad yn medru dweud: *Yr wyf yn barod i farw yn awr, wedi gweld dy wyneb…* (46:30). Caiff Jacob a'i deulu eu cyflwyno i Pharo, sy'n cael ei fendithio gan Jacob, ac yn rhoi iddynt *feddiant yn y rhan orau o wlad yr Aifft* (47:11).

Y mae'r newyn yn gwaethygu drwy holl wlad yr Aifft a gwlad

Canaan (47:13 ymlaen). Y mae Joseff yn dal i gymryd cyfrifoldeb dros y sefyllfa. Y mae'n dangos ei gyfrwystra fel llywodraethwr a thrwy hynny yn dangos nad yw'r ymerodraeth hon byth ymhell o orthrwm a chaethiwo. Y mae'n prynu holl dir yr Aifft i Pharo, fel bod perchnogaeth tir wedi ei ganoli a rheolaeth drosto, felly, yn nwylo'r ymerodraeth. Byddai'r teuluoedd a oedd yn gweithio'r tir yn cael cadw pedair rhan o'r cnwd iddynt eu hunain ac yn rhoi pumed ran i Pharo. Ond drwy'r weithred hon yr oeddent, fel petai, wedi eu gwerthu i Pharo, rhagflas efallai o'r gorthrwm a oedd i ddod i'r Israeliaid.

Yn 47:27 ceir sôn am y tro cyntaf am *yr Israeliaid*, sef, llwyth a theulu Jacob, ac am eu ffyniant yng ngwlad Gosen. Ond mae Jacob yn dal i gofio'r addewid ac yn cael Joseff i addo peidio â'i gladdu yn yr Aifft ond ei roi i orwedd gyda'i hynafiaid (47:30). Ac yntau yn wael, y mae Joseff yn dwyn ei feibion, Effraim a Manasse, at Jacob i'w bendithio ganddo. Yn ei henaint, a'i lygaid wedi pylu, *dywedodd Israel wrth Joseff, 'Ni feddyliais y cawn weld dy wyneb byth eto, a dyma Duw wedi peri imi weld dy blant hefyd* (48:11). Y mae'n eu bendithio yn enw'r Duw y rhodiodd ei dadau o'i flaen ac a fu'n fugail iddo ef (48:15). Y mae hefyd yn dweud wrth Joseff: *Yr wyf yn marw, ond bydd Duw gyda chwi, ac fe'ch dychwel i dir eich hynafiaid...* (48:22).

Y maent wedi ymsefydlu yng ngwlad Gosen, ar dir gorau'r wlad. Ond deuai cyfnod gwahanol yn hanes yr Israeliaid, pan fyddai Pharo yn teyrnasu 'nad oedd yn gwybod am Joseff' (Ex. 1:8). Y pryd hwnnw deuai gorthrwm i'w rhan. Y pryd hwnnw hefyd deuai'r freuddwyd unwaith eto yn rym yn eu hanes a byddai Moses yn cael ei alw i'w harwain allan o'r Aifft a'i chaethiwed i gyrchu'r addewid. Ond yn awr, gwlad Gosen oedd eu cartref ac yno y mae'r hynafiad, Jacob, yn tynnu tuag at derfyn ei fywyd.

49:1-28 **Bendith Jacob**

Nid yw'r casgliad sy'n ffurfio'r adran hon yn perthyn i hanes yr hynafiaid, fel y cyfryw, na stori Joseff. Yn hytrach, y mae'n adlewyrchu hynt a helynt llwythau Israel, a enwyd ar ôl meibion Jacob, yng Nghanaan yng nghyfnod y barnwyr. Y mae dywediadau tebyg am y llwythau wedi eu casglu yn Deut. 33. Ceir dywediadau tebyg hefyd yn canmol Effraim, Benjamin, Machir, Sabulon, Issachar a Nafftali yn Barn. 5:14-15 ac 18 a dywediadau'n barnu Reuben, Gilead, Dan ac Aser yn adn. 16-17. Mae'n debygol, hefyd, fod y dywediadau yn y bennod hon yn dod o gyfnodau gwahanol gan eu bod yn cyfeirio at ddigwyddiadau o gyfnodau gwahanol. Barn Brueggemann (t. 366) yw na ddylid eu dyddio'n ddiweddarach na'r ddegfed ganrif, dyddiad sy'n gymharol gynnar yn hanes y genedl hon.

Er mai *Bendith Jacob* yw'r teitl a roddir i'r adran hon yn arferol, nid yw'n deitl priodol gan mai nid bendith sydd yma mewn gwirionedd ond cyfres o ddywediadau. Nid oes sicrwydd ychwaith fod ganddynt lawer i'w wneud â Jacob. Pan edrychwyd yn ôl ar y casgliad hwn mewn cyfnodau diweddarach yn hanes y genedl, y mae'n debygol y gwelwyd yn y cyfeiriadau hyn broffwydoliaeth gan Jacob am yr hyn a oedd i ddyfod. Fel yn hanes Joseff yn y penodau blaenorol y mae yma fynegiant o gred hanfodol Israel fod Duw ar waith nid yn unig yn y bywyd 'crefyddol' (cysyniad sydd, i raddau helaeth, yn ddieithr i ffydd Israel, yn enwedig yn y cyfnod cynnar) ond ym mhob agwedd ar fywyd pobl Dduw. Fel y gwelwyd, canfyddent law Duw ar waith yn hynt a helynt holl hanes y genedl hon.

Geilw Jacob ei feibion at ei gilydd *i ddweud [wrthynt] beth fydd [eu] hynt yn y dyddiau sydd i ddod*. Barn rhai esbonwyr yw mai dyfais lenyddol yw hon i osod y dywediadau hyn mewn cyd-destun priodol yn hanes llwythau Jacob.

Reuben (adn. 3-4) oedd y mab hynaf (gw. 29:31 ymlaen a 37:21 ymlaen). Fel ei gyntafanedig, yr oedd wedi etifeddu holl ragoriaethau ei dad. Ond bellach ni fydd *yn rhagori mwyach* am ei fod wedi dringo i wely ei dad (gw. 35:22 lle mae cyfeiriad at Reuben yn gorwedd gyda Bilha, un o 'wragedd' Jacob). Cawn yma ddatganiad fod gweithred o'r fath yn haeddu derbyn cosb. Collodd llwyth Reuben ei safle yn gynnar yn hanes y llwythau a phriodolir hyn i broffwydoliaeth Jacob ar sail y digwyddiad anfoesol hwn.

Yn yr un modd, y mae'r dywediad am Simeon a Lefi (adn. 5-7) yn cyfeirio yn ôl at y traddodiad. Eu creulondeb a'u trais yw prif bwyslais y rhan hon o fendith Jacob (gw. 34:25 ymlaen). Cafodd llwyth Simeon ei ddwyn i mewn i lwyth Jwda a daeth llwyth Lefi yn llwyth offeiriadol (ffaith nad oes unrhyw ymwybyddiaeth ohoni yn yr adnodau hyn), ac felly nid yw'r broffwydoliaeth hon yn cyfateb i'r hyn a ddigwyddodd, mewn gwirionedd, i'r llwythau hyn.

Jwda (adn. 8-12) sy'n derbyn y ganmoliaeth uchaf, nid yn lleiaf am ei arwriaeth mewn rhyfeloedd. Bydd y *deyrnwialen*, sef, yr awdurdod, yn nwylo llwyth Jwda *hyd oni ddaw i Seilo ac iddo ef y bydd ufudd-dod y bobloedd* (adn. 10) . Nid yw arwyddocâd Seilo yma yn amlwg a bu cryn drafodaeth arno. 'Roedd Seilo yn un o'r cysegrleoedd pwysicaf. Nid oedd oddi fewn i'r tir a etifeddwyd gan lwyth Jwda ond yn hytrach yn nhir Effraim, i'r gogledd. Yno y codwyd Pabell y Cyfarfod wedi i'r llwythau fynd i mewn i Ganaan (Jos. 18:1) ac yno y cafodd y tir ei ddosrannu ymhlith y llwythau gan Josua. Yno hefyd y lleolwyd Arch y Cyfamod nes i'r Philistiaid ei chipio. 'Roedd Jeremeia'n ymwybodol fod Seilo wedi ei ddinistrio (Jer. 7:12) ond nid yw'n rhoi unrhyw awgrym pryd y digwyddodd hynny. Gallai hyn oll awgrymu, o leiaf, y gallai dylanwad Jwda leihau wrth i bwysigrwydd Seilo gynyddu fel lleoliad Pabell y Cyfarfod ac Arch y Cyfamod a than yr adeg y dinistrwyd Seilo tua chyfnod y gaethglud (hynny yw, pan welodd *Genesis* yn ei ffurf bresennol olau dydd). Posibilrwydd nid annhebyg yw y byddai'r wrogaeth y byddai Jwda'n ei derbyn gan y cenhedloedd (hynny yw, y llwythau) yn ehangu tan gyfnod y gaethglud (y chweched ganrif cyn y cyfnod Cristnogol) pan sugnwyd Jwda i mewn i Samaria a phan ddinistriwyd Seilo. Y mae awgrym arall (von Rad, t. 425) yn seiliedig ar eiriad gwahanol sy'n tarddu o'r *Septuagint* Groeg, sef, 'nes i'r un sydd berchen y deyrnwialen ddyfod', a gwelodd rhai, felly, broffwydoliaeth o oruchafiaeth Dafydd Frenin yn y geiriau hyn. Ond nid oes un o'r posibiliadau hyn yn cynnig ateb boddhaol.

Y mae ail ran yr adran am Jwda yn dathlu'r fendith a ddeuai iddo. Y mae'r *ebol* a'r *llwdn asen* (adn. 11a) yn adlais o broffwydoliaeth Sechareia (Sech. 9:9) a'r cyfeiriadau at y gwin (adn. 11b-12) yn ddarlun o ffrwythlonedd y tir y byddai yn ei etifeddu.

Ni ddywedir mwy am Sabulon na bod ei drigfan *ar lan y môr* (adn. 13). Y tebygrwydd yw nad oedd tir Sabulon yn wreiddiol ar lan y môr (gw. Barn. 12:11) ond eu bod wedi ymfudo i'r gogledd tua'r môr.

Tra mai testun sbort yw Issachar yn adn. 14-15 (fel asyn yn eistedd gyda'i lwyth beichus yn dal amdano ond yn methu codi eto dyma lwyth sydd wedi colli ei annibyniaeth gwleidyddol ac wedi mynd yn *gaethwas dan orfod* i'r Canaaneaid), yng Nghân Debora (Barn. 5: 15) caiff ei glodfori fel un a oedd yn gefnogol i Debora.

Y mae cymal cyntaf y dywediadau am Dan (adn. 16-18) yn chwarae ar ystyr yr enw, sef, *barnu* gyda golwg ar weithredu cyfiawnder i'w bobl. Y mae'r ail ddarlun am y sarff yn brathu'r march yn awgrymu fod gan y llwyth bychan hwn y gallu i oresgyn y llwythau cryfach sy'n ei fygwth.

Brawddeg yn unig yw'r dywediadau am Gad, Aser a Nafftali (adn. 19-21). Byddai Gad, a oedd i'r dwyrain o'r Iorddonen, yn gorfod dygymod ag ymosodiadau cyson gan y Bedowiniaid. Byddai cynnyrch Aser, oedd yng ngorllewin mynyddog Galilea, yn doreithiog a chyfoethog, a byddai anrhegion o blith y cynnyrch hwn yn cael eu cyflwyno i'r brenin. Mae'r dywediad yn chwarae ar ystyr yr enw, sef, 'ffawd dda'. Byddai Nafftali, ar hyd glan orllewinol Llyn Genesaret, yn ôl testun y BCN, yn cynnig cadernid, cysgod a ffrwythlonedd, ond gallai olygu ei fod yn ewig bywiog sy'n llefaru geiriau teg (gw. y nodyn ar waelod y tudalen yn BCN).

Y mae tri dywediad wedi eu dwyn at ei gilydd mewn perthynas â Joseff (adn. 22-26). Y mae'r testun yn ansicr iawn. Mae'n debygol fod y gymhariaeth gyntaf (adn. 22) yn awgrymu ffyniant a chadernid, yr ail (adn. 23-24a) yn clodfori gwroldeb Joseff yn erbyn ymosodiadau gan elynion a'r trydydd dywediad (adn. 24b-26) yn datgan fod Joseff wedi ei fendithio'n helaeth. Dylid nodi'r delweddau am Dduw a ddefnyddir yma. Y maent yn perthyn i iaith litwrgaidd cyfnod diweddar. Mae tair agwedd i'r fendith: bendithion y nefoedd a'r dyfnder sy'n gwneud cynaeafau toreithiog yn bosibl (adn. 25a); bendithion ffrwythlonedd y llwyth (adn. 25b); cynhaliaeth a chadernid y mynyddoedd tragwyddol (adn. 26). Byddai'r bendithion hyn *ar ben Joseff* ac ar ei dalcen (adn 26), delwedd sy'n seiliedig ar yr arfer o draddodi bendith drwy arddodiad dwylo.

Y mae'r dywediad olaf, am Benjamin (adn. 27), yn clodfori Benjamin am ei wroldeb a'i rym yn erbyn gelynion, megis blaidd rheibus. Yn arferol, darlunnir bleiddiaid fel bygythiad ond yma cânt eu clodfori! Caiff hefyd ei ganmol am rannu'r ysbail. Y mae Westermann (t. 332) yn dwyn ein sylw at y gwahaniaeth mawr sydd rhwng y darlun hwn a'r darlun a gawn o Benjamin yn stori Joseff yn y penodau blaenorol.

Nid yw adn. 28 ond clo golygyddol i gasgliad amrywiol iawn o ddywediadau. Y mae'n amhosibl gweld unrhyw themâu cyffredin yn rhedeg drwy'r dywediadau hyn. Y tebygrwydd yw, fel yr awgrymwyd eisoes, eu bod wedi'u casglu o amrywiol ffynonellau er mwyn adelwyrchu rhywbeth o hynt a helynt y llwythau a rhoi i'r hanes hwnnw elfen o hygrededd drwy ei gysylltu â geiriau eu tad Jacob, er ei bod yn annhebygol iawn fod a wnelo Jacob ddim â'r dywediadau hyn. O leiaf, drwy'r broses hon fe gadwyd ar gof a chadw ddywediadau a fyddent, fel arall, wedi eu hanghofio.

49:29 - 50:26 **Marw Jacob, tawelu'r brodyr a marw Joseff**

Gweithred olaf Jacob cyn marw oedd atgoffa'i feibion fod ganddo fedd *ym maes Machpela, i'r dwyrain o Mamre* (adn. 30) a brynwyd gan Abraham, lle y claddwyd ef a Sara, yn ogystal ag Isaac a Rebeca, a lle claddodd Jacob Lea. Ei ddymuniad ar ei farwolaeth yng ngwlad Gosen oedd cael ei gludo'n ôl i'w gladdu gyda'i hynafiaid (adn. 29) yng Nghanaan, gwlad yr addewid. Felly, wedi mynegi ei ddymuniad olaf, fe'i *casglwyd at ei bobl* (adn. 33), a daeth yr ogof ym maes Machpela yn fan goffwys i Abraham, Isaac a Jacob, eifeddion yr addewid, ac yn symbol grymus y byddai Duw yn cyflawni ei addewid yn y tir hwn.

Y mae ymateb emosiynol Joseff i farwolaeth ei dad (50:1) yn adlwyrchu emosiynau stori Joseff drwyddi. Cafodd Jacob ei eneinio dros ddeugain niwrnod yn unol â gofynion defodol (yr unig gyfeiriad at eneinio yn yr Hen Destament heblaw am 50:26) a bu galaru ar ei ôl am saith deg diwrnod (saith diwrnod oedd yr arfer cyffredin yn Israel).

Caiff Joseff ganiatâd gan Pharo i fynd i gladdu ei dad (adn. 4-6), ac aeth uchel swyddogion yr Aifft gydag ef, yn ogystal â'i frodyr. Y mae'r disgrifiad yn awgrymu fod llu mawr o bobl wedi mynd ar y daith angladdol hon o Gosen i faes Machpela. Ceir tystiolaeth i orymdeithiau angladdol tebyg mewn beddau Eifftaidd o'r cyfnod hwn. Mae'n ddiddorol fod Jacob wedi ei anrhydeddu gymaint gan yr ymerodraeth. Y mae'n dangos y parch a oedd o hyd nid yn unig at Joseff ond hefyd at ei deulu. Pan welodd y Canaaneaid gymaint oedd eu galar cafodd y fan lle y gwelsant hynny ei enwi'n *Abel-misraim,* sef, Galar yr Aifft. Felly, caiff Jacob ei gladdu gerllaw Mamre, hynny yw, yn Hebron.

Dylid cofio nad oedd unrhyw gred mewn bywyd tragwyddol

ymhlith yr Iddewon yn y cyfnodau hyn. Ond 'roedd claddu Jacob yn Hebron yn arwydd o barhad y cenedlaethau ac o barhad addewid Duw i Abraham, Isaac a Jacob ar draws y cenedlaethau i ddod. Byddai'n fangre gobaith ar draws y canrifoedd fod Duw'r addewid yn cyflawni ei addewid yn ei ffordd ei hun ac yn ei amser ei hun ac yn cynnig i'w bobl y posibilrwydd newydd yr oedd wedi ei addo. Felly, wedi holl hynt a helynt, poen a thristwch, gelyniaeth a chariad bywyd Jacob, y mae diwedd ei fywyd yn datgan fod yr addewid yn fyw a'r dyfodol yn bosibl, gan mai yn nwylo Duw'r addewid mae pob gobaith am y dyfodol. Nid oedd yr addewid wedi ei chyflawni yn hanes Jacob ond gwyddai y byddai Duw yn cadw'n ffyddlon i'w air.

Wedi i'r brodyr gladdu eu tad, y maent i gyd yn dychwelyd i'r Aifft, yn unol ag addewid Joseff i Pharo (adn. 14, cymh. adn. 5).

Awgrymir bod marwolaeth Jacob yn gwneud y brodyr yn anesmwyth ynglŷn ag agwedd Joseff tuag atynt o hyn ymlaen (adn. 15-16). A fyddai'r brawd grymus a dylanwadol hwn, a gafodd eu dwyllo ganddynt, yn ennyn ei ddig yn eu herbyn gan fod dylanwad y tad bellach wedi ei golli? Yr oedd perygl y byddai, ar waethaf ei eiriau, yn *talu'n ôl* iddynt am y drwg a wnaethant. Ond y mae Joseff yn cael ei glwyfo braidd gan eu hamheuon amdano ac mae'n wylo (adn. 17). 'Roedd y dagrau'n ddigon i sicrhau'i frodyr ei fod yn bwriadu cadw at ddymuniad eu tad ac, felly, syrthiasant o'i flaen a'i gyfarch, *Yr ydym yn weision i ti* (adn. 18), atgof arall o freuddwydion y llanc ifanc. Y mae ymateb Joseff i'w hamheuon yn ailddatgan y gred a fu'n sylfaenol i stori Joseff, sef, bod Duw wedi bod ar waith yn nhwyll a brad, yng nghariad a chymod y teulu hwn, yn cyflawni ei amcanion: *Trodd Duw y bwriad* (sef, bwriad y brodyr) *yn ddaioni er mwyn... cadw'n fyw llawer o bobl* (adn. 20). Nid yw Joseff *yn lle Duw* (adn. 19). I Dduw y mae gweithredu barn, ac y mae Duw eisoes wedi barnu ac wedi bod ar waith drwy'r cyfan oll yn gweithredu cymod. Ni fydd marwolaeth eu tad yn newid yr hyn a wnaeth Duw. Felly, *Peidiwch ag ofni...* (adn. 19 a 21), geiriau i atgyfnerthu'r gwangalon drwy nerth y Duw sy'n cadw. Unwaith eto, y mae tynerwch yn y stori: *cynhaliaf chwi a'ch rhai bach. A chysurodd hwynt, a siarad yn dyner wrthynt* (adn. 21).

Y mae *Genesis* yn gorffen gyda chrynodeb byr o weddill bywyd Joseff a'i deulu, ei feibion, Effraim a Manasse a'u plant. Ar ddiwedd ei fywyd y mae'n mynegi i'w frodyr ei sicrwydd y byddai'r Duw y bu ef yn ymddiried ynddo yn cadw at ei air ac yn cyflawni ei addewid i *Abraham, Isaac a Jacob* (adn. 24) i'w dwyn *o'r wlad hon i'r wlad a addawodd*. Ar sail yr addewid hon, a theyrngarwch ei frodyr iddi, y mae Joseff yn marw. Caiff ef, yn wahanol i'w dad, ei gladdu *mewn arch yn yr Aifft* ac nid yng Nghanaan (adn. 26, gw. Ex. 13:19 a Jos. 24:32). A dyna hanes y dechreuad wedi dod i ben yn hollol ddiseremoni.

Wrth edrych yn ôl dros stori Joseff (37-50), gallwn nodi rhai nodweddion pwysig. Y mae yma wrthgyferbyniad amlwg rhwng dau fath ar gymdeithas, sef, cwlwm y teulu a grym ymerodraeth. Rhaid i bob cymdeithas ddygymod â thyndra rhwng y mathau hyn o berthynas a chymdeithas. Yn y naill a'r llall, y mae perygl camddefnyddio grym. Yn y naill a'r llall, nid ar chwarae bach y daw cymod. Gwelwn hefyd yn yr hanes hwn gred sylfaenol fod Duw ar waith nid yn unig ym mywyd unigolion ond hefyd yn hynt a helynt cydberthynas teulu a thynged cenhedloedd. Drwy helyntion poenus y stori hon bu llaw Duw ar waith a gellir gweld ei ragluniaeth drwy'r cyfan, hyd yn oed yng nghanol grym ac awdurdod ymerodraeth yr Aifft.

Fel y gwelwyd uchod, daw'r hanes hwn i ben drwy ail-ddatgan yr addewid i'r hynafiaid hyn a fu'n llinyn arian drwy'r naratïfau hyn, o ben. 12 ymlaen. Yr addewid i Abraham, Isaac a Jacob a fu'n llywio'r stori hon. Drwy'r cyfan oll, bwriad Duw i gyflawni ei addewid a gafodd y gair olaf. Daw *Genesis* i ben heb i'w addewid gael ei chyflawni. Yn wir, eir ymlaen yn Exodus, y nesaf o'r Pumllyfr, i adrodd am ddioddefaint a gorthrwm etifeddion yr addewid hon, fel caethweision mewn ymerodraeth lle cafodd eu hynafiaid groeso, ond a reolwyd yn awr gan Pharo 'nad oedd yn gwybod am Joseff' (Ex. 1:8). Ond byddai'n adrodd hefyd am y Duw a ddaeth i ollwng ei bobl yn rhydd ac a alwodd Moses i fynd at Pharo i bledio achos pobl yr addewid a'u harwain i ryddid nas gwelodd yntau ychwaith, ond o bell, o gopa bryn Nebo (Deut. 34). Stori arall yw honno. Yn awr, ar ddiwedd *Genesis*, rhaid bodloni ar wybod fod disgynyddion yr hynafiaid yn dal i drigo yng ngwlad Gosen, gyda'r cof am yr addewid yn dal yn fyw, a bod bedd mewn ogof yn Machpela a oedd yn fangre gobaith a dyfodol y Duw sy'n cadw'i air. Y Duw hwn, a oedd *yn y dechreuad* (1:1) yw'r Duw a fydd, yng ngeiriau olaf Joseff wrth y brodyr sydd bellach wedi eu cymodi ag ef, *yn sicr o ymweld â chwi* (50:25). Y Duw hwn sy'n creu, yn cymodi ac yn cadw.

LLYFRYDDIAETH

Esboniadau

Y mae llyfryddiaeth eang iawn mewn perthynas â llyfr Genesis. Wrth baratoi'r esboniad hwn pwyswyd yn drwm ar y canlynol:

Rogerson, John W., Moberly, R.W.L., Johnstone, W., *Genesis and Exodus*, Gwasg Academaidd Sheffield, 2001

von Rad, Gerhard *Genesis*, (cyf. John H. Marks a John Bowden), Gwasg SCM, Llundain 1961

Westermann, Claus *Genesis*, (cyf. David E. Green), T a T Clark Cyf., *Caeredin* 1987

Y mae traethawd gwerthfawr iawn ar 'Ein Tad Abraham' gan Gwilym H. Jones yn

Evans, Owen E. (Gol) *Efrydiau Beiblaidd Bangor 3*, Gwasg John Penry, Abertawe 1978, tud 1 ym.

Yr esboniad cyfoethocaf (y bydd y cyfarwydd yn clywed atseiniau ohono drwy gydol yr esboniad Cymraeg hwn), yn fwyaf arbennig o ran deall a dehongli'r testun oddi fewn i'w gyd-destun ei hun yn ogystal ag yn ein sefyllfa gyfoes Gristnogol ac ôl-Gristnogol ni, yw:

Brueggemann, Walter, *Genesis: Interpretation – A Bible Commentary for Teaching and Preaching*, Atlanta, Gwasg John Knox, 1982

CYFRES O ESBONIADAU

Detholion o Genesis
Noel A. Davies

Llyfr Deuteronomium
Gwynn ap Gwilym

1 a 2 Samuel
Gwilym H. Jones

Detholion o Jeremeia
Gareth Lloyd Jones

Hosea a Micha
Eryl Wynn Davies

Joel ac Amos
Wil Huw Pritchard

Efengyl Marc
David P. Davies

Efengyl Ioan
Desmond Davies

Actau'r Apostolion
Tom R. Wright

Llythyrau at y Galatiaid a'r Philipiaid
John Tudno Williams

Y Llythyr at yr Hebreaid
D. Hugh Matthews

Llyfr Datguddiad
Catrin Haf Williams